高速公路企业可持续发展

GAOSU GONGLU QIYE KECHIXU FAZHAN

◎ 贺竹磬 著

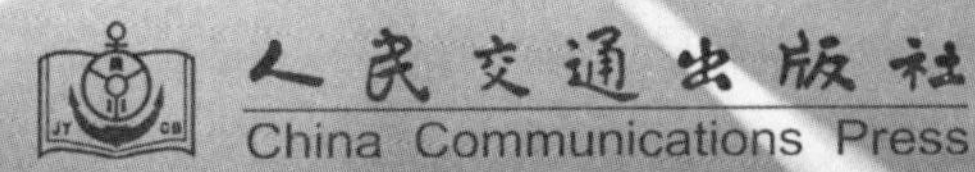

内容提要

本书通过对我国高速公路企业经营环境及可持续发展困境的分析，以企业可持续发展理论和高速公路市场化理论为基础，在结合国外高速公路发展经验及我国高速公路发展政策的基础上，从发展战略、发展路径等方面研究了我国高速公路企业可持续发展模式。

图书在版编目（CIP）数据

高速公路企业可持续发展/贺竹磬著.—北京：人民交通出版社，2010.11
ISBN 978-7-114-08757-8

Ⅰ.①高… Ⅱ.①贺… Ⅲ.①高速公路-运输企业-可持续发展-研究-中国 Ⅳ.①F542.6

中国版本图书馆 CIP 数据核字(2010)第 217949 号

书　　名：高速公路企业可持续发展
著 作 者：贺竹磬
责任编辑：乔文平
出版发行：人民交通出版社
地　　址：(100011)北京市朝阳区安定门外外馆斜街 3 号
网　　址：http://www.ccpress.com.cn
销售电话：(010)59757973、59757969
总 经 销：人民交通出版社发行部
经　　销：各地新华书店
印　　刷：北京鑫正大印刷有限公司
开　　本：787 × 960　1/16
印　　张：11.25
字　　数：126 千
版　　次：2010 年 11 月　第 1 版
印　　次：2010 年 11 月　第 1 次印刷
书　　号：ISBN 978-7-114-08757-8
定　　价：35.00 元

序

从 1984 年起，我国高速公路实施市场化运作政策，逐步建立了“国家投资、地方筹资、社会融资、利用外资”和“贷款修路、收费还贷”的滚动发展政策，有效地缓解了公路建设资金不足，加快了高速公路建设步伐。与之相适应，我国高速公路管理体制也进行了相应的改革，组建了许多区域性高速公路企业，并以收费公路为主营业务，一些公路企业将优质公路资产上市，形成了大量的高速公路上市公司。这些高速公路企业(公司)通过不同融资模式募集资金，并将投资收益再投资高速公路，有力地促进了我国高速公路的建设与发展。发展到今天，高速公路企业面临的环境已经发生了巨大变化，原有的滚动发展模式已经不完全适用当前环境。首先，我国高速公路企业经营模式单一，经营期限较短，在收费年限的中后期，普遍面临着转型问题。其次，随着高速公路建设成本大幅攀升，新建高速公路投资收益率低，部分新建高速公路无利可图，传统的通过投资新的路产、滚动发展的高速公路企业发展模式，如 TOT、BOT 等，已经不完全符合高速公路企业发展的实际需要。最后，受个别高速公路收费权滥用及社会舆论的不理解，国家对经营性高速公路的发展模式一直采取控制的策略，从招投标制度、收费期限及收费标准等方面有着严格的限制，通过收购新的公路路产的滚动发展模式来获取优质公路项目的难度越来越大。在符合国家行业管理政策、符合公路资产属性的前提下，研究既能满足企业投资收益要求，又能缓解公路建设资金短缺及社会舆论压力的高速公路企业可持续发展模式，不仅是高速公路企业可持续发展面临的问题，也是构建和谐交通、实现交通运输业可持续发展的需要。

本书通过对我国高速公路企业经营环境及可持续发展困境成因的分析，以高速公路市场化理论和企业可持续发展理论为基础，结合国外高速公路发展经验及我国高速公路产业政策，从发展目标、业务范围、发展路径及商业模式四个方面提出我国高速公路企业可持续发展战略。最后，对招商局集团公路产业发展战略及发展模式进行了案例分析。

目　录

第一章　绪　论

一、研究背景

从1984年开始实施“贷款修路，收费还贷”的高速公路市场化政策以来，经过20多年的快速发展，我国高速公路从无到有，到2008年底突破6万公里，成为世界上高速公路里程第二多的国家。其中，仅2007年一年建成高速公路近8300公里，接近于日本高速公路总里程。到2008年底，有22个省区市高速公路里程超过1000公里，14个省份突破2000公里，分别是：河南（4841公里）、山东（4282公里）、江苏（3725公里）、广东（3823公里）、河北（3233公里）、浙江（3073公里）、辽宁（2747公里）、湖北（2719公里）、云南（2512公里）、安徽（2506公里）、陕西（2466公里）、江西（2284公里）、广西（2181公里）、四川（2156公里）。虽然高速公路在我国公路网中所占比重较低，但在交通运输中发挥了重要作用。2008年，我国高速公路总里程只占全国公路总里程的1.62%，但是完成的货运量占全社会公路货运量的30%，占全社会公路客运量的40%，完成货运周转量占全社会公路货运周转量的90%，占全社会公路客运周转量的60%。高速公路完成的客运周转量相当于整个铁路客运周转量的90%，完成的货物周转量相当于整个铁路货物周转量的60%，这些数字说明高速公路为我国交通运输做出巨大贡献，已经成为重要的交通运输基础设施。

市场化政策促进了我国高速公路产业的快速发展，但由于市场化是一种新的基础设施管理模式，在高速公路市场化发展过程中，相关的高速公路管理制度建设滞后，因此高速公路产业发展中出现一定的问题，如收费公路规模过大、债务过重、通行负担过重等行业问题。此外，随着建设成本的攀升、路网分流的增加、经营期限到期等因素影响，高速公路企业开始产生企业持续发展受到限制、未来发展方向不明确等问题，并且，普遍面临转型或进一步拓展市场空间的困境等企业经营问题。

时至今日，高速公路产业环境已经发生了巨大变化，诸多因素制约着我国高速公路行业协调有序的发展，也制约了高速公路企业地发展壮大。我国快速发展的交通运输需要高速公路行业协调、有序地发展。这就要求我们对高速公路市场化运作理论及政策进行研究，对我国高速公路产业未来的发展模式进行分析，研究未来高速公路发展政策，以及高速公路产业的发展机遇，研究高速公路企业可持续发展的模式。

1. 高速公路产业发展需要社会资本大力支持

为了应对全球经济危机，我国采取扩大内需、刺激经济的积极财政政策，各地普遍加快了高速公路建设步伐。公路建设进度的加快，建设资金短缺问题成为各级交通主管部门及高速公路集团公司迫切需要解决的问题。成品油费税改革后，利用交通规费质押贷款筹集公路建设资金的传统融资模式难以持续，地方公路融资面临新的挑战：一是项目资本金缺口较大，二是公路交通系统存量债务居高不下，传统的银行贷款融资方式所能运用的空间在逐步缩小。因此，为满足拉动内需，增加公路投资的需求，在充分利用车购税、燃油消费税专项资金及财政预算内资金、国债资金的同时，需要大力引进社会资本，通过不同形式吸引社会资本以股权的方式投资高速公路，达到弥补公路建设资本金缺口、适当减轻地方债务负担的双重目的，高速公路行业需要社会资本的大力支持。

2. 高涨的建造成本制约了高速公路企业发展能力

随着高速公路建设逐步向丘陵、山区推进，隧道、桥梁明显增多，加之近年来物价上涨，工程造价也随之大幅攀升，与 2000 年相比，征地拆迁费用上升 100% ~300%，原材料价格上涨了 30% ~50%，目前高速公路平均造价已经超过 5000 万元/公里，有的地方某些路段已经超过 1 亿元/公里。在高速公路造价大幅增加的情况下，我国的高速公路收费政策并未随之调整。因此，新建高速公路投资收益低，有些高速公路通行费收入低于贷款利息，更谈不上还本或者盈利，这就使得传统的高速公路企业经营扩张模式，如 TOT、BOT 等模式，已经难以适应高速公路建设成本高涨的投资需要。除此之外，我国高速公路建设均呈现先建发达地区、车流量大的高速公路，后建欠发达地区、车流量小的高速公路这样一种特点，这就使得新建高速公路的收费能力下降，高速公路滚动发展的能力降低。此外，高速公路在部分区域已从瓶颈状态逐步向目前的超前状态转变。在此过程中，高速公路的车流量增长速度低于通行能力增长速度，尤其是后续建成项目的流量相对早期建成的高速公路呈现明显下降的趋势。新建高速公路成本攀升，收益降低，商业模式单一等因素共同制约了高速公路企业的可持续发展。

3. 有限的经营期限促使高速公路企业考虑可持续经营

我国《收费公路管理条例》规定，政府还贷公路的收费期限，按照用收费偿还贷款、偿还有偿集资款的原则确定，最长不得超过 15 年。国家确定的中西部省、自治区、直辖市的政府还贷公路收费期限，最长不得超过 20 年。经营性公路的收费期限，按照收回投资并有合理回报的原则确定，最长不得超过 25 年。国家确定的中西部省、自治区、直辖市的经营性公路收费期限，最长不得超过30年。高速公路经营期限的政策限定，决定了高速公路投资并非永续经营，有特定的经营期限，在收费年限中后期，面临着转型及可持续发展问题。

4. 招商局集团公路产业需要进一步发展

招商局集团公路产业近年来随着我国高速公路产业的快速发展得到较快的发展，在没有增加投资的条件下，近五年总资产、净资产的年均自然增长率都超过15%，总资产和净资产相对于2002年均翻了一番。截至2008年底，招商局公路总资产达213.45亿元，净利润达到16.26亿元。由于招商局公路控股资产比例偏低，股权分散，随着各参股公司的增发，股权面临被摊薄、被虚化的风险，而且随着各参股公司路产进入成熟期，经营业绩趋于平稳，各参股公司的增长乏力，有些公司还因为路网成熟导致的分流影响，经营业绩开始下滑。在国家提出4万亿投资，并以基础设施投资建设为主的经济刺激计划下，招商局公路产业需要探讨进一步发展的机会，探讨发展壮大的商业模式。

二、研究目的与意义

加快交通基础设施建设是20世纪80年代末我国经济及社会发展面临紧迫而繁重的任务，在当时的情况下，我国高速公路建设与经营选择了市场化运作的政策，市场化政策大大促进了我国高速公路产业的发展。然而，我国的高速公路市场化运作尚处初级阶段，高速公路的经营管理环境还不成熟，产业政策还不完善。对于处于经营后期的高速公路企业，需要研究未来我国高速公路产业发展政策，研究如何确定企业未来的发展战略，采取何种模式实现企业的可持续经营，这些问题成为高速公路行业亟待解决的重大课题。

1. 构建高速公路可持续发展理论体系

虽然收费公路在中国已有 20 多年的时间,但高速公路市场化运作制度,公路车辆通行费制度在中国仍属于新生事物,还缺乏必要的理论研究和制度规范。国际上,高速公路有市场化、私有化的趋势,而我国的高速公路市场化政策受到社会民众的不理解,政府管理部门对经营性高速公路的发展政策举棋不定。一方面为了弥补国家财政资金短缺,需要通过经营性公路的模式,吸引社会资本以股权的方式投资高速公路。另一方面,处于社会压力,又要限制经营性高速公路发展的规模。出现这种困境的根本原因在于缺乏高速公路市场化运作理论。因此,需要从理论上探讨高速公路能否市场化,有没有必要市场化,市场化的适用范围以及如何市场化等理论问题。开展此类课题研究,不仅是国家制定高速公路管理政策的需要,更是实现高速公路企业可持续发展的需要。

2. 分析我国高速公路产业发展空间及投资机遇

按照国家高速公路网规划及地方高速公路网规划汇总,我国高速公路建设规模在 14 万公里左右,扣除已经建成通车的 6.03 万公里,仍有 7 ~ 8 万多公里的高速公路需要建设。有些原计划要在 2020 年前建设的任务,也由于应对经济危机而需要提前建设,高速公路建设任务的加快,为高速公路企业投资带来一定的机遇。随着高速公路工程造价大幅提升,以及高速公路向边远地区及支线扩展,新建高速公路交通区位优势不再明显,新建高速公路车流量难以出现爆发式增长,因此,新建高速公路的投资收益普遍较低。这就需要研究新形式下高速公路企业的投资机遇,需要研究高速公路存量资产和增量资产的投资空间,高速公路投资获利水平及融资模式,高速公路企业投资时机把握等问题。

3. 探讨我国高速公路企业的可持续发展模式

由于我国高速公路经营期限较短，而且多数骨干路网已经通车运营 15 年左右，部分高速公路企业的核心路产处于经营的中后期。在高速公路建设成本高、投资收益较低的情况下，这些高速公路企业通过投资新路产的滚动发展模式受到一定制约，因此，有些高速公路企业开始进入房地产、金融领域，将高速公路投资收益投资到非交通领域，出现高速公路建设资金短缺与公路企业资金无处可投的尴尬局面。上述问题说明我国现有的高速公路可持续发展模式需要进行调整，在国家政策调整的基础上，高速公路企业也应该研究创新的商业模式，实现企业的可持续经营。

4. 分析招商局集团公路产业发展战略

公路业务一直是招商局集团的核心产业。以 2007 年为例，公路板块净资产占集团总净资产的四分之一，净利润占集团净利润的 10% 以上。公路产业由于其现金流稳定，成为招商局集团财务的稳定器和现金牛，在招商局集团各个板块中占有重要的地位。但在近年来，招商局公路产业发展中出现了一些问题，如股权摊薄、业绩下滑、地方要求收益返投等问题，公路产业难以保持过去五年快速增长的趋势。招商局集团希望在公路产业保持平稳发展的基础上，研究进一步发展公路产业、做大做强公路产业的发展策略。

三、研究综述

1. 国外研究综述

由于国外多数国家高速公路是采取政府主导的模式，即使是部分高速公路市场化的国家，高速公路建设任务也以国家财政投资为主,收费公路比例较少,而且高速公路经营期限相对较长,所以高速公路可持续发展问题并不突出,多数文献研究也重点集中在公路的养护、检测、科研等技术层面[1]~[6],单纯研究高速公路可持续发展的文献较少,但对基础设施市场化运作研究的文献较多,争议也较多,主要是对高速公路等准公共产品能否市场化、市场化效率等方面展开研究。

传统经济学家,以萨缪尔森为代表[7],认为市场制度在提供公路等准公共产品是低效率的,认为市场制度在提供准公共产品方面是无能为力的。他们认为,一旦某种产品或服务被判定为准公共产品,那么它就应当由政府均等地免费提供给所有的消费者,而不应该采取收费的模式进行市场化运作。从 20 世纪 70 年代开始,以科斯、德姆塞茨、布坎南等为代表的经济学家对传统经济学理论的上述结论进行了批评,认为与传统经济学的结论相反,在很多情况下市场制度是行得通的,至少不能证明比政府提供方式产生更低的效率。美国经济学家 Goldin[8]认为,产品或服务采取何种提供方式并不是由产品的内在性质决定的,而取决于排他性技术和个人偏好的多样化,而这两类因素都是随时间变化而变化的,若准公共产品不能够通过市场手段被充分地提供给消费者,那是因为把不付费者排除在外的技术还没有产生或者在经济上不可行。美国经济学家 Schmidtz[9]认为,在准公共产品生产上,当自愿付费的方法不能够有效时,并不能因此就认定政府强制的方式会更有效率。美国经济学家 Demsetz[10]~[11]的《The private production of public goods》被认为是准公共产品领域中的一篇经典之作,他认为,在能够排除不付费者的情况下,私人企业能够有效地提供准公共产品;若一个产品是准公共产品,那么对同一产品支付不同价格是满足竞争性均衡条件的。Demsetz 在他的另一本书《the exchange and enforcement of property right》[12]中,从交易成本和保障成本的角度比较了市场方式和政府方式在提供准公共产品方面各自具有的特点,他着重强调了市场制度和价格机制在经济活动中所具有的无可替代性。概括地讲,传统经济学家认为市场方式在提供准公共产品方面不是最优的,而现代经济学家从福利经济学、现代市场经济的基础上,从公平与效率、成本与税负、技术进步等角度论证了高速公路等准公共产品市场化运作也能达到帕雷托最优,这些研究成果不仅指导了发达国家高速公路等基础设施市场化运作,也为高速公路产业可持续发展奠定了理论基础。

有些学者从收费公路管理的角度论证了收费公路市场化发展的科学性。Dennis[13]针对美国政府不愿意增加税收,大量的高速公路老化需要维修,以及新建项目需要大量开支,导致美国交通产业基金出现超过约1万亿美元的亏空,国家管理者在权衡高速公路是私有化还是公有化的研究时认为,高速公路资产是被低估的资产,美国完全可以通过公私合营,吸引新的资本来弥补财政资金短缺,解决公路建设可持续发展的资金问题。Peter[14]针对美国收费公路私有化后,人们对收费标准增长的顾虑,用实证方式证明,由于货车对收费标准的敏感性,提高收费标准导致货车分流,进而使得高速公路经营者实际收益降低。该案例说明,如果收费公路存在平行的竞争性免费道路的话,高速公路完全私有化也不会导致收费标准的随意提高,高速公路私有化符合美国高速公路产业化发展政策。Luiz[15]认为政府的适当担保可以有效降低机构投资者对高速公路投资的风险,对于几种担保模式而言,最低车流量担保是最有效的担保模式。他认为,高速公路私有化的国家应该对公私合营的收费公路给予一定的担保,政府需要承担一定的交通量风险。所有这些高速公路私有化相关的文献说明,高速公路市场化、私有化发展符合美国的实际情况,通过公私合营的模式,有利于吸引社会资本投资收费公路,进而实现收费公路行业的持续发展。

2. 国内研究综述

世界上80%的收费公路在中国,所以国内在收费公路方面的研究较多,目前理论研究的进展主要集中在两个方面:一是对收费公路经济属性的研究,二是关于收费价格及收费期限的研究。其中典型的著作有:《中国收费公路规制研究》[16]、《中国高速公路产业论》[17]、《公路交通规费经济学》[18]、《基础设施市场化运作——中国收费公路》[19]。

郑捷奋、刘洪玉在《中国收费公路的民营化》[20]一文中提出,推进民营化是实现我国收费公路建设投资市场化与营运管理商业化的发展方向。文冰在其硕士论文《收费道路经营模式的比较研究》[21]中运用经济学的经济成本比较法对收费公路的三种经营模式:事业型收费还贷公路、混合所有制收费公路、公司制收费公路的经营成本进行了比较分析,文章结论认为,混合所有制、公司制收费公路在制度上优于收费还贷公路,综合而言,混合所有制成本低于公司制收费公路和收费还贷公路。郑延智在《我国收费公路吸收民间资本问题研究》[22]的论文中提出,收费经营应该是现阶段收费公路发展方向,市场经济体制下要求公路的供给符合市场竞争机制和市场规律。周望军等在《改革收费公路"双轨制"的政策建议》[23]一文中认为,收费公路双轨制存在着一系列的弊端,应该取消地方交通主管部门经营收费公路的资格,作者极力反对发展政府还贷公路,而要大力发展经营性公路,文章提出了较为激进的改革措施,以此消除双轨制的种种弊端。国家发改委宏观经济研究院《高等级公路收费与融资问题研究》[24]报告,从债务负担和银行金融风险的角度对我国收费公路的结构展开了分析,作者提出的具体措施是鼓励经营性公路建设、逐步取消政府还贷公路建设。《收费公路发展战略问题研究》[25]项目组在报告中分析了政府还贷公路的弊端,该报告提出,我国公路收费政策的中短期发展趋势是收费公路民营化过程加速，应该在控制收费公路总规模的基础上，调整收费公路的资金来源结构，使之趋向合理，控制并逐步取消政府还贷公路，建立规范的经营性公路管理模式。

从企业层面研究高速公路产业可持续发展的文献较多，黄静（2004）的硕士学位论文《高速公路公司经营发展战略研究》[26]，初步研究了高速公路公司经营发展战略的目标确定、方案设计以及相关战略措施等内容。尽管进行高速公路公司战略研究的必要性在文中得到了体现，但论文研究的内容和深度不够。梁峻峰[27]认为高速公路公司应该以路为本、综合开发、资本运营的发展战略，采用“路运一体化”发展模式。郑狄[28]提出高速公路公司可以尝试“路运一体化”和“路产一体化”两种经营模式。顾忠华、林宙[29]提出组建区域公路公司，然后组建全国性公路投资公司的发展战略，实现公路运营企业的节约化发展。郑铁柱[30]认为，尽管高速公路上市公司存在诸如公司治理结构不合理、不完善等问题，高速公路上市公司依然是解决我国现阶段基础设施建设资金短缺最有效、最直接的手段。通过设立高速公路上市公司进行有效融资，并有效管理，恰恰可以解决我国的高速公路建设资金问题。此外，陈勇[32]、罗宁[33]、关健[34]、周国光[35]、夏飞[36]等从高速公路企业角度分析了高速公路企业的可持续发展问题。

上述已有研究从不同侧面来探讨公路基础设施的供给问题，探讨高速公路行业的发展问题、高速公路企业的经营问题，但整体而言，研究深度不够，大多是一种思变研究，还缺乏对我国高速公路产业环境的深入研究，缺乏对国际上主要发达国家高速公路市场化运作出发点、市场化运作模式的详细研究，也缺乏对世界上主要高速公路投资运营企业的案例研究。本文是针对我国高速公路采取“贷款修路，收费还贷”政策以来，我国高速公路发展出现的新情况而展开的研究。在高速公路市场化发展理论及可持续发展理论的基础上,通过研究我国高速公路产业发展政策,我国高速公路企业发展困境及投资机遇,并通过世界上发达国家高速公路市场化历程及主要高速公路投资运营商的案例分析,来探讨我国高速公路企业的可持续发展之路,最后,根据招商局公路产业的发展情况,研究招商局公路战略选择及实现战略目标的可持续发展之路。

四、研究框架与结构

本文通过对我国高速公路企业经营环境及可持续发展困境成因的分析,以高速公路市场化理论和企业可持续发展理论为基础,结合国外高速公路发展经验及我国高速公路产业政策,从发展目标、业务范围、发展路径及商业模式四个方面提出我国高速公路企业可持续发展模式(参见图1.1)。最后,对招商局集团公路产业发展战略及发展模式进行案例分析。

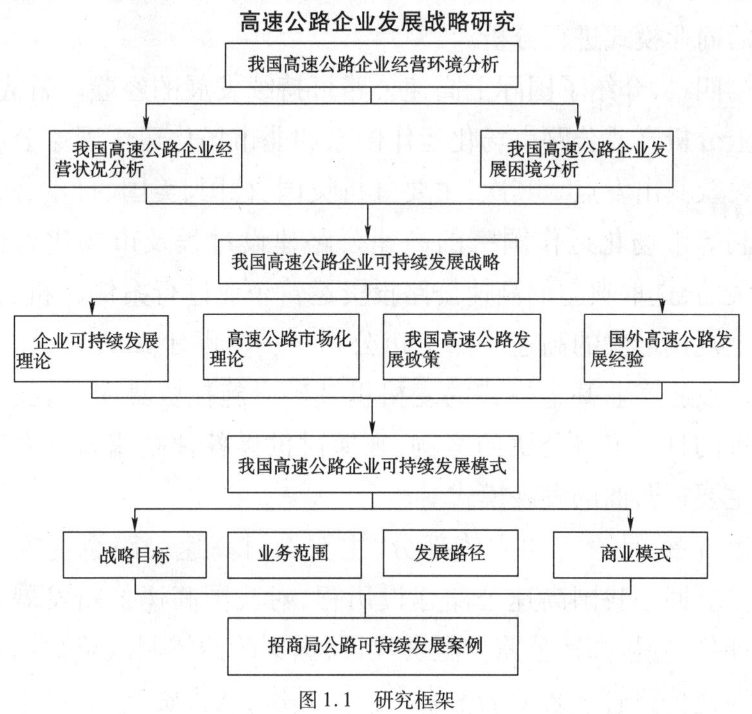

图1.1 研究框架

全文结构安排如下：

第一章，主要介绍论文写作背景及写作目的。在对现有研究文献综述的基础上提出论文的写作框架。

第二章，分析了我国高速公路企业经营状况：首先，将我国高速公路企业进行分类，分别介绍了各类企业的经营发展状况。其次，从政策层面、产业层面、企业层面分析了高速公路企业发展面临的困境，对上述困境成因进行分析，提出我国高速公路企业可持续发展需要解决的主要问题。

第三章，是论文的理论部分：首先，通过比较传统福利经济学理论和现代市场经济理论对于准公共产品供应的差别，结合高速公路市场属性和国际发展趋势，论述了高速公路市场化发展的基本理论。其次，分析企业可持续发展理论，结合高速公路特征，明确高速公路企业可持续发展理论的关键因素，并对高速公路持续发展的商业模式进行分析。

第四章，介绍了国际上高速公路可持续发展的经验。首先，从整体上分析高速公路市场化运作国家和非市场化运作国家公路发展政策及其出发点。其次，主要分析英国、德国、美国、日本、法国、意大利等市场化运作国家的高速公路建设过程及市场化运作模式。最后，选取典型的高速公路投资运营企业进行案例分析，选取世界上规模最大的高速公路上市公司——西班牙 Abertis 公司、交通基础设施产业基金模式的麦格里基础设施投资集团、与我国情况相近的日本道路公团的案例，来探讨世界各种高速公路发展政策及主要运营商的发展模式。

第五章，是论文的主体部分，主要探讨高速公路企业发展模式：首先，回顾我国高速公路建设历程，对我国高速公路发展政策进行评价，并从高速公路投融资政策，国家政治体制改革角度探讨我国高速公路管理政策的未来走向。其次，从投资空间、投资机遇等方面探讨了我国高速公路企业的投资机遇与挑战。最后,从发展目标、业务范围、发展路径及商业模式探讨我国高速公路企业可持续发展的框架。

第六章,案例分析。主要对招商局公路产业的发展战略进行案例分析,分析招商局公路产业的战略定位,融资模式及发展路径等问题。

第七章,结论部分,阐述了论文的主要观点。

第二章　我国高速公路企业经营状况分析

目前,在全国31个省(市、自治区)中,除西藏自治区外,各省都有收费公路。北京市、天津市2个直辖市只有经营性收费公路。海南省、甘肃省、青海省、辽宁省、宁夏回族自治区和新疆维吾尔自治区6个省(区)只有政府还贷公路。其余省份,既有经营性收费公路,也有还贷型收费公路。

图2.1显示,2006年我国收费公路总里程为19.6万公里(2007年为20.4万公里),其中高速公路在收费公路总里程中的比重只占22%。燃油税政策实施后,60%的二级政府还贷公路将取消收费。目前已经有13个省份取消二级政府还贷公路收费,取消收费里程7.08万公里,占二级收费站点的65%,如果二级政府还贷公路取消收费,我国收费公路总规模将会降低一半左右。

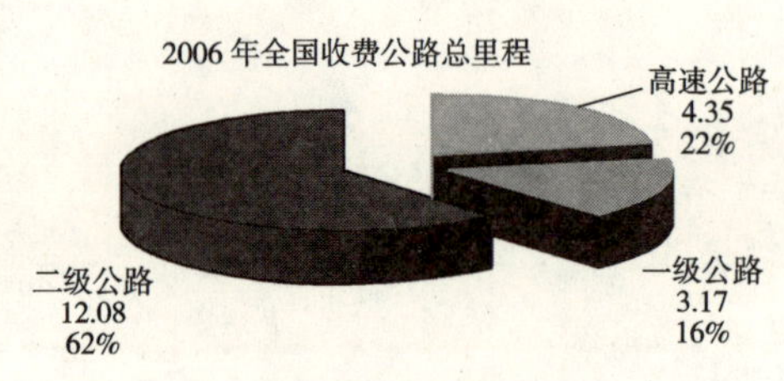

图2.1　我国收费公路结构(单位:万公里)

图2.2和图2.3显示,在费税改革之前,我国收费公路,不论从里程来看,还是从总资产来看,政府还贷公路均占据主导地位。政府还贷公路里程占据79%,但路产只占56%,而经营性公路里程只占21%,但路产占据44%,说明经营性公路中,高速公路比重较大,政府还贷公路中,二级公路比重大。

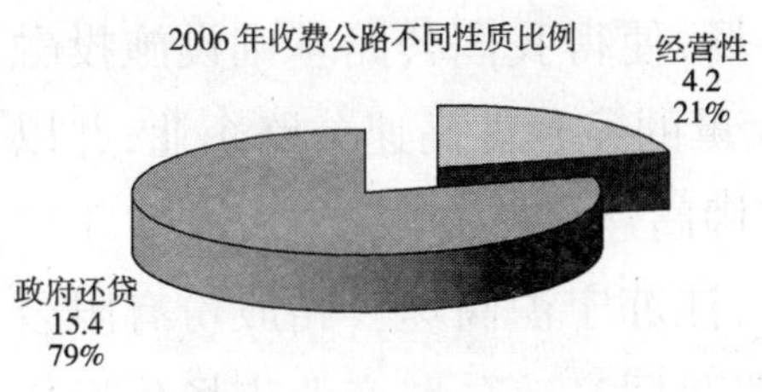

图 2.2　不同性质收费公路里程对比（单位：万公里）

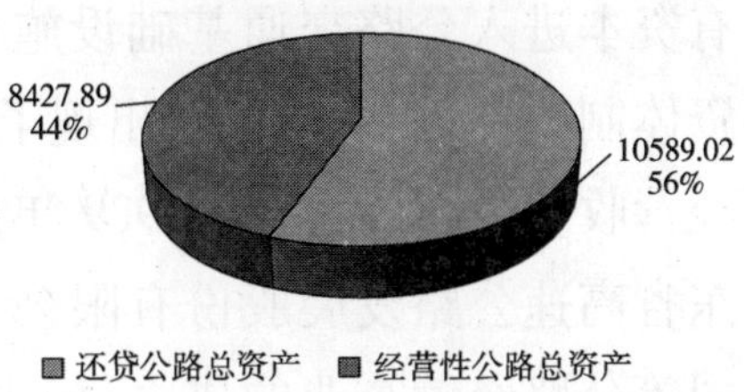

8427.89
44%
10589.02
56%
■ 还贷公路总资产　■ 经营性公路总资产

图 2.3　不同性质收费公路资产对比（单位：亿元，2007年交通部科学研究院数据）

一、我国高速公路企业经营状况分析

首先，从20世纪80年代开始，我国就开始探讨公路投融资体制改革，为了筹集公路建设资金，广东省率先在公路桥梁等一批交通基础设施上展开“贷款修路、收费还贷”的改革尝试，并于1984年率先开始实施收取车辆通行费的制度，并组建公司进行管理。1984年12月，国务院通过“贷款修路、收费还贷”政策后，为了便于高速公路进行项目融资，并充分利用多元化投融资政策，许多地方的高速公路管理部门进行了转制或新成立地方高速公路集团公司，这些集团公司承担区域内高速公路的筹资、建设和运营管理，但随着公路建设规模的扩大，贷款规模的扩大，这些公司积累了一定数量的债务，大量的债务负担促使这些高速公路公司盘活存量资产，将部分政府还贷公路通过权益转让的办法推向市场，形成一批经营性高速公路。其次，基础设施市场化的理论开始进入中国，并逐步得到社会的认可，逐步认识到市场化运作可以提高高速公路等基础设施建设和运营效率，因此，国家出台了一些政策允许高速公路进行经营权转让，按照市场化模式，由企业经营高速公路。第三，随着资本市场逐步的发展，高速公路稳定的投资收益也吸引了社会资本，部分民营企业开始投资收费路桥，香港的一些企业开始进入中国基础设施市场，投资收费公路，此外，部分国有资本，尤其是保险资金，开始投资交通基础设施。大量民营资本、外资及国有资本进入公路交通基础设施市场，使得我国公路基础设施投融资体制改革进一步转变，出现了大量的经营性高速公路企业，并以经营收费公路为主业。1989 年广佛高速公路有限公司、1992 年广东省高速公路发展股份有限公司、江苏宁沪高速公路股份有限公司等公路经营企业的成立，标志着我国高速公路产业市场化运作进入新的发展阶段。1996 年 7 月广东高速公路发展股份有限公司上市，标志着我国高速公路开始走向资本市场。2000 年以后，随着高速公路市场化程度的深入，国外的一些先进的管理模式也逐步引入中国，大量的基础设施建设企业为了获取高速公路建设工程，开始以 BOT 模式投资高速公路，形成了一批高速公路投资、建设、运营公司。这些高速公路公司，以及部分政府还贷公路的管理处，共同成为我国高速公路的运营管理主体。

图 2.4、图 2.5 显示，经营性高速公路资产以国有独资企业和国有控股（参股）企业为主，约占 83%，民营及外资只占 17%，而经营性普通收费公路资产的大部分以民营资本和外资为主，占 61%。

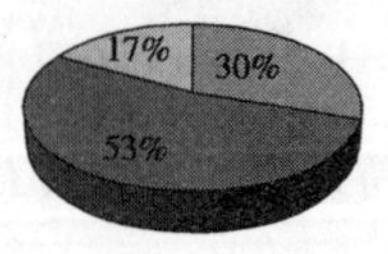

图 2.4 经营性高速公路资产投资主体构成

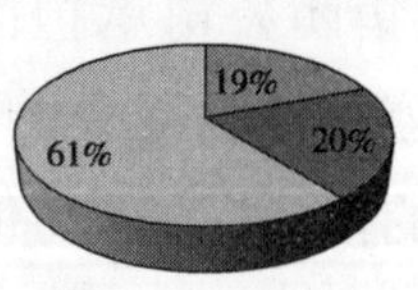

图 2.5 经营性非高速公路资产投资主体构成

经过多年的发展，全国高速公路的管理主体接近 600 个，其中，经营性高速公路由高速公路企业进行管理，这些企业包括：地方高速公路（投资）集团公司，高速公路上市公司，以 BOT 模式投资公路的建设企业，全国性的高速公路企业，民营高速公路企业及外资高速公路企业。在本文的研究过程中，并未将企业与公司进行严格区分，本文中的企业，是指所有经营性高速公路的投资运营主体,也包括公司。

1. 地方高速公路集团公司

高速公路集团(交通投资公司)公司,多数是从原有的高速公路管理局转化过来,也有一些是地方政府新成立的高速公路投资主体。作为地方公路投资建设的主体,高速公路集团公司承担着区域内高速公路融资、建设、运营的任务,有些省份已经将机场、铁路的建设任务也归集在一起,组建成为地方交通投资集团,如河南省最近组建成立的河南省交通投资集团,成为区域内交通基础设施建设的唯一投融资平台(参见表2.1)。

地方高速公路集团公司特征　　表2.1

类型	省属国有控股(独资)高速公路集团公司	省交通厅下属控股(独资)高速公路公司
特征	资产纳入国有资产管理部门的监管体系,接受交通主管部门的行业管理,负责辖区内大多数高速公路资产的经营管理。	交通厅作为公司国有资产的代表、履行监管职能,公司负责辖区内大多数高等级公路融资和资产经营管理。
主要公司	北京市(首都公路发展有限责任公司)、江苏省(交通控股有限公司)、山东省(高速公路集团公司)、安徽省(高速公路总公司、交通投资集团公司)、重庆市(高发公司、高投公司、交投公司)、贵州省(高速公路开发总公司)和云南省(公路开发投资有限责任公司)等。此外,陕西省高速公路建设集团公司和交通建设集团公司均由省国资委履行出资人职责,但省交通厅代行出资人权力进行实际管理。	天津市(高速公路投资建设发展公司)、山西省(交通建设开发投资总公司)、内蒙古(高等级公路建设开发有限责任公司)、吉林省(高速公路公司)、江西省(公路开发总公司)、河南省(高速公路发展有限责任公司)、湖北省(高速公路集团有限公司)、四川省(高速公路建设开发总公司)和福建省(高速公路有限责任公司)等。

对于国资委管理的高速公路集团公司,由于这些企业的经营目标是保值增值,因此,在项目投资上会从投资收益的角度去研究其投资可行性。而对于交通厅直管的高速公路集团公司,这些公司的主要任务是高速公路建设筹融资,因此,盈利并非是这些公司

的主要经营目标，而完成省政府下达的公路建设任务才是其首要目标，因而，一些难以收回投资的项目，也由于政治压力，不得不进行投资。由于这类企业承担较多的社会责任，经营受政府影响大，并非完全独立核算、自主经营的企业，其主要职责是完成区域内高速公路等基础设施的融资、建设、运营管理，企业可持续发展取决于地方交通发展需要。

从表 2.2 可以看出，地方高速公路集团公司资产规模较大，运营管理的高速公路里程较多，还拥有很大一批在建高速公路项目。有些高速公路集团公司已经转变为交通投资集团公司，不仅承担高速公路建设任务，还承担铁路、民航的建设任务。虽然各公路集团公司资产规模庞大，但净资产比例很小，公司资产负债率较高，每年的财务费用较大，东部的浙江、江苏每年的通行费收入在偿还完财务费用后，还略有一定盈余，中部的河南勉强可以维持基本的运转，而西部的云南，每年的通行费收入难以偿还银行利息，随着新的建设任务加快，这些公司普遍面临着较大的融资压力。

部分高速公路集团公司资产状况 表 2.2

名　　称	云南公路开发投资有限公司	河南高速公路发展有限公司	江苏交通控股	浙江交通投资集团
总资产(亿元)	1200	1100	1290.8	1212.42
净资产(亿元)	约 200	不到 300	223.9	
公路里程(公里)	1962	2540	3070	2267
营业收入(亿元)	50	91.8	194.9	257.36
净利润(亿元)	亏损	5.21	1.61	22.70
数字日期	2007	2007	2007	2004

2. 高速公路上市企业

20 世纪 90 年代，为了缓解公路建设资金来源不足的压力，国家允许地方高速公路公司上市，一些区域性的公路集团公司纷纷将其旗下的优质公路项目进行资产重组,组建股份制企业,上市募集资金,然后用募集到的资金投资新的高速公路项目。这种通过路产上市募集资金来建设高速公路的滚动发展模式,有力地促进我国高速公路的建设。截止 2008 年底,我国共有 17 家 A 股,1 家 B 股,6 家 H 股,1 家新加坡上市公司,这些上市公司有:华北高速、沪宁高速、山东高速、东北高速、福建高速、浙江沪杭甬、深高速、粤高速、五洲交通、赣粤高速、楚天高速、中原高速、东莞控股、现代投资、湖南投资、海南高速、S 延边公路、安徽皖通、四川成渝、重庆路桥、招商局亚太。

本文以收费公路为主营业务的 15 家上市公司进行分析(因通行费收入占营业收入比例偏低等原因,海南高速、东莞控股、重庆路桥、湖南投资、粤高速等公司未列入)。截至 2008 年底,15 家公路上市公司总资产合计为 1669.4 亿元,较 2007 年的 1566.9 亿元增长 102.5 亿元,增幅为 6.54%。15 家公司归属母公司的所有者权益合计 910.7 亿元,较 2007 年的 876.4 亿元增长 34.3 亿元,增幅为 3.92%。15 家公司的负债增长额为 64.3 亿元。

表 2.3 显示,我国高速公路上市公司通行费收入占营业收入的 81%,说明我国高速公路上市公司主要以经营高速公路为主业,以通行费收入为主要经济来源。除浙江沪杭甬因投资证券业和服务区,高速公路通行费收入只占营业收入的 54% 外,其他高速公路上市公司主营业务单一。高速公路上市公司资产负债率平均在 41.5%,远低于国际高速公路上市公司的负债水平。由于资产负债率较低,财务杠杆效益没有充分利用,我国高速公路上市公司的净资产回报率相对较低,只有 11.29%,低于国际高速公路上市公司的投资收益水平。近几年,我国高速公路上市公司派息率超过 50%,即使 2008 年受金融危机等因素影响,高速公路上市公司经营业绩下滑的情况下,高速公路上市公司派息率仍能达到 45%,说

明我国高速公路上市企业一直关注投资者的经济效益。

我国高速公路上市公司资产状况(单位:亿元) 表2.3

公司	总资产	通行费收入	净利润	资产负债率	通行费比重	ROA	ROE	派息率
华北高速	35.24	6.92	2.52	3.87%	86.09%	7.15%	7.48%	60.56%
东北高速	50.29	5.80	0.81	21.92%	83.66%	1.61%	2.28%	0.00%
五洲交通	28.70	1.92	0.89	37.63%	91.76%	3.08%	5.19%	30.00%
深圳高速	182.06	9.85	5.03	57.66%	92.64%	2.76%	7.18%	52.01%
宁沪高速	247.75	40.07	15.54	33.77%	75.93%	6.27%	9.73%	87.53%
皖通高速	85.87	16.10	6.92	39.23%	95.27%	8.06%	13.84%	55.14%
四川成渝	80.37	13.89	5.44	26.55%	87.49%	6.77%	9.38%	0.00%
沪杭甬	254.45	35.70	19.00	35.12%	54.13%	7.47%	13.63%	70.85%
粤高速A	73.00	9.22	3.98	47.29%	98.41%	5.46%	11.64%	31.57%
现代投资	51.67	14.60	5.71	34.30%	96.44%	11.05%	16.85%	54.25%
中原高速	191.48	18.07	2.75	71.34%	96.55%	1.44%	5.03%	38.52%
福建高速	94.33	21.56	7.80	46.20%	99.72%	8.27%	19.88%	28.44%
赣粤高速	121.69	22.86	10.96	36.64%	74.07%	9.01%	15.30%	24.50%
山东高速	142.77	30.96	12.41	37.70%	84.47%	8.69%	13.99%	44.99%
楚天高速	29.79	7.05	3.02	16.49%	98.38%	10.13%	12.13%	40.14%
全部合计	1669.5	254.57	102.79	41.45%	87.67%	6.16%	11.29%	44.49%
5家H股	850.50	115.60	51.94	39.16%	81.09%	6.11%	10.88%	57.88%

表2.4可以看出,沪杭甬高速、宁沪高速在资产规模、营业收入方面领先其他高速公路上市企业,福建高速、现代投资资产投资盈利能力较强,东北高速不仅公司治理结构混乱,而且投资收益比较差,成为高速公路上市公司的反面典型。

2008年公路上市公司行业之最(单位:千万元) 表2.4

名称	最大		最小	
	公司名称	数值	公司名称	数值
营业总收入	浙江沪杭甬	659 503	五洲交通	20 889
净利润	浙江沪杭甬	190 033	东北高速	8 099

续上表

名　　称	最　　大		最　　小	
	公司名称	数值	公司名称	数值
投资收益	深高速	27 599	中原高速	-708
总资产	浙江沪杭甬	2 544 466	楚天高速	297 854
股东权益	宁沪高速	1 596 892	楚天高速	248 710
资产负债率	中原高速	71.34%	华北高速	3.87%
净资产收益率	福建高速	19.88%	东北高速	2.28%
每股收益	现代投资	1.430	东北高速	0.067
每股派息	现代投资	0.776	东北高速	-
派息率	宁沪高速	87.53%	东北高速	0.00%
通行费收入	宁沪高速	400 678	五洲交通	19 167
核心收入比重	福建高速	99.72%	浙江沪杭甬	54.13%

图2.6可以看出，我国高速公路上市公司的总资产报酬率基本上保持在4% ~6%之间，净资产报酬率保持在7% ~11%之间，而且净资产报酬率近几年还保持了一定的上升趋势。

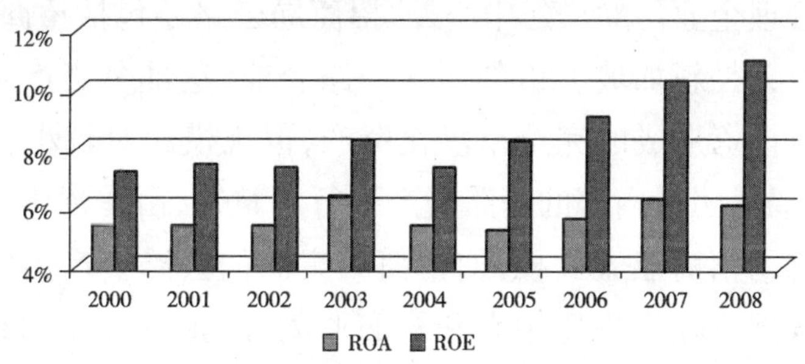

图2.6　我国高速公路历年投资收益对比

表2.5显示，与国外高速公路上市公司相比，我国高速公路上市企业数量较多，但公司规模相对较小，公司管理的路产是世界平均水平的13.25%，而公司的资产仅为世界平均水平的6.73%。其次，国外高速公路企业股权相对分散，而我国公路上市公司第一大股东基本上都是地方公路投资集团公司，我国公路上市公司大股东加权平均股份比达到45%，这些大股东有时迫于行政压力，会

要求高速公路上市企业承担一些损害投资者利益的投资项目，我国高速公路上市公司经营受到一定的行政干预。

中外上市高速公路企业对比表　　表 2.5

名　称	世界平均	我国平均	差距
公路里程（公里）	2187	371	13.25%
公司资产（百万美元）	11685	1055	6.73%

3. 全国性的高速公路企业

（1）招商局公路

招商局集团公路产业主要集中在华建中心交通经济开发中心（以下简称“华建中心”），华建中心原有路产是车购税资金投资公路形成的中央资产，最初华建中心归属交通部管理，是交通部基础设施资产管理平台。1999 年，华建由交通部管理划归招商局集团管理，是招商局集团公司所属一级企业，成为完全市场化的高速公路资产管理企业。除华建中心外，招商局公路还包括招商局亚太，招商局亚太是新加坡上市的高速公路企业，这部分资产是招商局自由资金投资形成的完全市场化资产，但规模相对较小。2008 年底，招商局集团对内部的公路资产进行了整合，由华建中心收购招商局持有的招商亚太股权，使招商局集团的公路资产由统一的平台进行管理。除了华建中心和招商亚太外，招商局还拥有一家公路设计企业——重庆交科院，由于重庆交科院的主业业务是公路设计，并不经营高速公路，本文研究的高速公路企业，主要是指高速公路投资运营企业，不包括设计企业，因此，本文研究的招商局公路指的是华建中心。到目前为止，华建中心投资参股高速公路公司 19 家，其中公路上市公司 13 家、港口服务类上市公司 1 家。投资参股的公路类经营企业所经营的公路（桥梁）项目分布在全国公路主干线上，公路里程超过 5000 公里，其中高速公路超过 4000

公里。截至2008年底,招商局公路产业总资产213.45亿元,有息债务为零,公路业净利润为16.62亿元,公路业经常性现金净流入7.76亿元。

(2)平安基建

平安基建是平安信托非传统投资的三项核心业务之一(基建投资、物业投资和私人股权投资),其主要目的是为了顺应保险资金投资渠道逐步放宽的趋势,为平安保险庞大的负债寻求匹配资产进行投资。平安基建主要以交通基础设施、水务、能源、电力等投资项目为主。目前已经投资了包括在山西、湖北等省的高速公路(见表2.6)以及柳州、昆明等地的水务项目,以及广州、云南、深圳及北京的物业项目。

平安基建投资的高速公路项目　　表2.6

项　目	总投资(百万元)	投资时间	投资期限	投资方式
安徽亳阜高速公路	800	2006.3	30年	可转债
荆东高速公路	680	2006.12	30年	股权
山西高速公路❶	2276	2006.12	25年	股权
湖北高速公路❷	2850	2007.7	30年	股权
安徽滁宁高速公路	1160	2007.8	30年	股权
宁波北仑港高速公路	1040	2007.11	30年	股权

平安基建是保监会批准的基础设施股权投资的试点单位,由于拥有强大的保险资金支持,平安基建已经成为近几年高速公路投资市场的一匹黑马,目前在全国范围考察收购高速公路项目。最近,与河南高速公路发展集团公司形成了战略框架协议,由平安基建一揽子收购河南的高速公路项目。

❶2008年7月20日,平安信托投资山西太长、长晋、晋焦三家高速公路公司的项目正式完成股份权交割仪式,平安信托分别收购三者30%、60%、60%的股份,总交易额达23亿元,投资资金均来源于平安寿险公司。

❷黄石——黄梅高速公路和武汉——孝感高速公路项目。

(3)中信基建

中信基建投资公司是中信华东有限公司高速公路业务的运作平台,而中信华东(集团)有限公司系中国中信集团公司所属的全资一级子公司。中信基建投资公司注册资本10.53亿元人民币,由中国中信集团公司和中信华东有限公司各持有20%和80%的股权,目前中信基建投资公司主要经营两条高速公路(见表2.7),并积极在全国各地搜寻高速公路投资项目。

中信基建投资的高速公路项目 表2.7

项　　目	总投资(亿元)	股权比例	投资时间	投资期限	投资方式
成渝高速公路重庆段	13.20	49%	1999.12	25年	股权
渝黔高速公路	9.80	60%	2007.3	30年	股权

中信基建投资公司主要从事经营性收费公路投资运营,而公司的战略是努力发展成为专门从事高速公路建设、营运管理、咨询与资本运作业务,具有突出核心能力、高度市场化和领先行业地位的专业公司。

除了上述几家全国性的高速公路公司外,也有一些国有企业进行高速公路项目的投资,如云南红塔集团,但规模普遍较小。

4. 以BOT模式投资的建设企业

近年来,包括中交集团、中铁一局等交通施工单位通过BOT形成开始投资高速公路,形成了一批高速公路投资运营企业(参见表2.8)。

建设企业投资的高速公路项目 表2.8

投资方	公路项目	总投资(亿元)	里程(公里)	投资时间	经营期限(年)
中铁二局	榆林—神木高速公路	37.1	108.2	2007.4	30
中交建设	晋城—侯马高速公路	25	67	2005.2	30
中铁建筑	遂宁—重庆高速公路	47.5	148	2004.9	30

续上表

投资方	公路项目	总投资(亿元)	里程(公里)	投资时间	经营期限(年)
葛洲坝股份	内江—遂宁高速公路	61	118	2008.7	29
中冶集团	大理—丽江高速公路	164	248	2006.4	30
中国水集团	邛崃—名山高速公路	21.7	52.3	2007.11	30
中冶集团	桂林—梧州高速公路	36.6	76	2006.9	29
葛洲坝集团	襄樊—荆州高速公路	44.85	185.4	2001.1	30

由于新建项目工程造价较高,投资收益较低,存在较大的投资风险,因此,地方政府希望投资企业按照BOT的模式,由建设企业投资,建成通车后也由建设单位运营,而高速公路建设企业为了获取工程建设合同,也愿意对高速公路进行投资。以BOT模式投资高速公路的企业多数是建设企业,这些企业投资高速公路项目的主要目的在于工程建设,其商业模式也在于工程建设获利,因此建设企业在高速公路建设过程中,可能会做高工程造价,如果建成通车后项目能够转让出去,可以获得较好的投资收益,即使项目建成通车后难以转让,建设企业也会在建设过程中获得超额收益,以建设收益来弥补运营收益的不足。

5. 民营高速公路企业

亚洲金融危机之际,国家出台政策鼓励民营企业投资高速公路,因此,一大批民营企业进入收费公路市场。2002年3月,在上海注册成立的福禧投资即以32.07亿元的价格,向国有上海城投公司收购"上海路桥发展"99.35%的股权,获沪杭高速上海段30年的收费经营权,成为高速公路民营化的典型案例。此后几年,东部一些省份,收费公路民营企业得到快速发展,在河南2004年开工的22个高速公路项目中,民营资本占41%,民营资本极大地推动了河南的高速公路建设(参见表2.9)。

部分民营企业投资的高速公路项目 表 2.9

投资方	公路项目	总投资(亿元)	里程(公里)	通车时间
黑龙江中植企业集团	焦作—温县高速公路	8.5	30.3	2005.7
珠海新长江建设公司	江门—珠海高速公路	30.6	53.3	2007.5
福禧投资控股公司	沪杭高速公路的上海路桥	32		2002.3
六家民企	荆州—公安县	23	58.4	2006
上海祥融	杭州绕城高速	82	123	2004

民营企业在我国高速公路起步阶段发挥了一定的作用,尤其是投资了一批二级、一级公路。但由于我国民营企业实力有限,经营不够规范,在高速公路市场投资、运营过程中,出现了许多问题,包括投机问题、腐败问题、该养不养等问题,给社会造成了不良影响。最近几年,东部沿海一些省份开始回收民营企业的高速公路资产,如沪杭高速、嘉金高速、沪青平高速、甬金高速等民营企业所拥有的股权,正在被地方政府逐步收回,收费公路市场中民营资本被迫退出,出现"官进民退"趋势。2008 年国家提出 4 万亿经济刺激计划,从已公布的项目看,民营企业几乎没有获得交通基础设施的投资机会,有专家预言,在这一轮投资之后,民营企业在交通基础设施领域可能会更加边缘化,生存更加困难。

6. 外资高速公路投资运营企业

除国内高速公路企业在香港上市外,目前在香港上市的以国内高速公路投资运营的上市公司有两家,越秀交通与和合公路基建,两家公司的数据见表 2.10。

外资上市公司基本财务数据 表 2.10

项目	总资产(亿元)	总负债(亿元)	营业收入(亿元)	净利润(亿元)	股价(元)
越秀交通	121.49	37.5	10.14	6.07	3.02
和合公路	145.94	62.05	14.70	5.79	4.35

(1)越秀交通

越秀集团是广州市政府于 1984 年在香港设立的商贸企业,经过20多年的发展,越秀集团已经逐步壮大成为立足珠三角、横跨穗港、辐射海外的多元化大型投资控股集团,旗下拥有房地产、水泥、造纸、交通、酒店、高科技、金融证券、电子、贸易等多个产业,控股总资产逾400亿港元。在交通领域,越秀集团在百慕大注册越秀交通,集团公司实际持股70.4%,公司于1997年在香港上市。主要从事投资与发展、经营及管理位于广东省的收费公路。越秀交通现有13条收费公路和桥梁项目,其中11个位于广东省内,主要有:陕西省西临高速公路(100%)、虎门大桥(28%)、广州市北环高速公路(24%)、广州市北二环高速公路(60%)、广州市西二环高速公路(30%)、汕头海湾大桥(30%),一二级公路有:广深公路广州段、广汕公路广州段、广花公路、湖南湘潭湘江二桥、清莲公路,这些公路中,除清莲公路外,全部控股。2007年起越秀交通改变发展战略,计划集中力度于省内外的高速公路及桥梁项目,并减少投资一二级收费公路,并在2008年4月投资了云南省嵩(明)安(宁)高速公路项目。

(2)合和公路

合和公路基建有限公司是开曼注册,香港上市的高速公路企业,合和实业有限公司是其实际控制股东,持股比例达到73%,其经营重点是珠江三角洲的重点高速公路、隧道、桥梁及相关基建项目,公司主要路产是广深高速公路、广州东南西环高速。目前重点致力于推动港珠澳大桥项目。

(3)路劲基建

路劲基建在香港有"公路王"之称,是一家专注于国内投资、发展、经营和管理收费公路及房地产项目的香港上市公司。目前,路劲在中国八个省份投资了19个收费公路和桥梁项目,公路总里程约1000公里。近年来,由于高速公路市场环境变化,从2007年开始路劲基建并无投资新公路项目,公司发展重点放在房地产开发。

(4) Macquaire

Macquaire,即麦格理集团,近年来在中国投资了一些基础设施项目,2006 年 1 月,麦格理(香港)有限公司与中信证券合资成立中信麦格理资产管理公司,希望通过合资方式打造中国的产业投资基金,主要针对中国基础设施的高速公路等产业进行投资,但最终没能运作成功。据了解,目前麦格理正和建设银行洽谈组建基础设施基金。麦格理在中国投资了一些地产项目,也有一个港口项目,并在洽谈机场、水务等项目,高速公路项目只有一个,2007 年 11 月麦格理国际基础设施基金有限公司以 39.57 亿元收购了 31 公里的华南快速干线 81% 的股权,受金融危机影响,麦格理正在四处寻找买家,希望将华南快速出售。

整体来讲,中国高速公路市场上外资比例很低,投资的高速公路也很少,而且这些外资也以国内资金为主,中国高速公路市场上并没有真正的外资。国际上著名的高速公路投资企业都没有在中国投资高速公路,但仍有一些外资在关注中国的高速公路,如花旗银行、摩根等外资企业,都在寻找中国高速公路项目。

二、我国高速公路企业发展困境分析

表 2.11 说明,我国高速公路企业在发展过程中,受到高速公路建设成本大幅攀升和经营期的限制,面临可持续发展的难题。这些问题包括:

我国高速公路企业发展困境　　表 2.11

面临问题	解决途径	存在的障碍
车流量饱和,增长滞缓	➢ 拓宽改造现有路产 ➢ 收购新的路产	➢ 收费年限难以增加,改扩建成本会使某些路产不具有投资经济性。 ➢ 新建公路项目投资收益低,而成熟路产地方不愿意转让。

续上表

面临问题	解决途径	存在的障碍
经营权到期	➤ 续签新的经营合同 ➤ 收购新的路产 ➤ 多元化经营	➤ 延长收费年限有可能，但不确定性大。 ➤ 公路资产属于特殊资产，多元化发展受到政策限制，尤其在公路建设高峰时期。

1. 高速公路企业经营环境不成熟，政策有待调整

(1)社会对高速公路收费不理解，不支持高速公路市场化运营

由于我国收费公路比重较大，同国际相比，公路使用者通行费相对于居民可支配收入较高，我国公路使用者负担相对较重。当通行费收入遭到滥用时，一些违规操作给社会造成一种假相，高速公路是暴利行业，因此，社会民众反对高速公路经营，反对高速公路市场化运作，呼吁高速公路的公益性，如九江塌桥索赔事件、律师状告高速公路不高速事件、人大代表追问买路钱事件、大学教授要求公开机场高速收费信息事件等。审计署 2008 年第 2 号公告罗列了高速公路市场化运作过程中诸多合法但不合理的事件，并用一些尖锐的措辞向社会进行公告，审计署公告更加引起社会舆论对高速公路收费政策和高速公路企业的不满。受社会舆论的压力，国家提出限制经营性公路发展的策略，逐步减少收费公路的总量，最终实现由政府免费提供的发展目标，这些现象反映了我国高速公路行业管理政策的不成熟，也反映了高速公路企业经营环境还不稳定。

(2)特许经营制度缺位，管理政策不稳定

高速公路投资运营属于特许经营范畴，公路产品的公共属性决定了高速公路运营与管理不仅是经济问题，而且是社会问题。我国目前高速公路行业采取的是特许经营管理模式，但缺乏相应

的特许经营管理制度，缺乏一贯的高速公路市场管理政策，政策的不确定给投资者带来一定的投资风险。如，绿色通道政策的开通，造成高速公路经营企业通行费收入的大量流失，由于"绿色通道"政策缺乏相应的成本分担机制，所有成本由高速公路经营企业承担，给经营性高速公路企业带来了巨大的经济损失，损害了投资者的利益，也影响了政府的信誉。

表2.12 显示，2008 年上半年，仅广东等8 个省(市、区)就减免11.5 亿元，各省平均因"绿色通道"政策减免的费用约占全部通行费收入的 5.3%，部分高速公路公司因"绿色通道"政策而出现亏损。完善"绿色通道"政策，采取适当的补偿措施弥补经营性公路企业的损失，已经成为高速公路企业共同的呼声。

2008 年 1～6 月部分省份绿色通道减免情况 表 2.12

省份	路段名称	里程	日均车流量（辆/日）	日均减免车辆数（辆/日）	减免车辆所占比重	通行费收入总额（万元）	减免通行费总额（万元）	减免通行费所占比重
广东	交通集团	2859	1464750	22476	1.5%	827556	45,228	5.5%
广西	全省	1695	6629	n/a	n/a	129587	15,275	11.8%
辽宁	全省	2762	12223	4,582	37.5%	305965	16,326	5.3%
内蒙	全省	1168	34573	424	1.2%	45036	1,566	3.5%
陕西	交建集团	502	62719	1498	2.4%	77175	2,498	3.2%
四川	全省	1764	288979	7713	2.7%	220030	8,481	3.9%
云南	全省	1871	8654	244	2.8%	137942	11,534	8.4%
浙江	交投集团	1900	58,658	5250	0.9%	440170	14,237	3.2%
	加权平均	14521	408767	6027	7.0%	2183460	115144	5.3%

(3)缺乏高速公路产业可持续发展政策

随着高速公路造价的大幅攀升，一些新建收费还贷路也出现收费难以偿还银行利息的问题，传统的"贷款修路，收费还贷"的发展模式受到限制：首先，近年来，随着原材料和征地拆迁成本大幅攀升，高速公路建设成本不断攀升，新建高速公路对社会资本的吸引力逐渐下降，在现有的收费标准和收费期限约束下，有些高速公路通行费收入难以偿还贷款利息，如何对高造价的高速公路市场化融资，目前还没有有效解决的政策。其次，高速公路经营到期后公路管养问题、企业人员安置问题并没有明确的政策，我国第一条收费高速公路——沪嘉高速于 2009 年 3 月经营到期，辽宁省的几条高速公路也将在 2009 年、2010 年到期，如何对经营到期后的高速公路进行管理和养护目前还没有明确的政策。最后，部分国家主干线面临改扩建要求，由于国家对改扩建项目的投资缺乏相关的支持政策，因此一些地方只能通过修复线的模式进行扩容，造成资源的浪费。这些问题说明高速公路产业需要调整可持续发展政策。

2. 路网密度增加，高速公路产业经营业绩快速增长难以再现

随着高速公路规模的不断加大，高速公路供给速度远高于 GDP、客货运量的增长速度，高速公路路网效应逐步由诱增到分流转变，新建高速公路对原有平行高速公路分流效应越来越明显，如，杭浦高速和杭州湾大桥的开通，沪杭甬高速公路车流量降低 10% 左右。梅观高速因福龙高速的开通，车流量降低 10%。京津塘高速因京津二通道及城际铁路的开通，交通量下降 18%。扬子大桥受苏通大桥开通的影响，车流量降低 13% 左右，受平行高速公路开通，以及二级收费路的取消，高速公路企业经营业绩开始出现下滑的趋势。此外，受全球经济危机的影响，我国外贸出口大幅下滑，虽然 2008 年我国公路累计旅客周转量和货物周转量分别同比增长 9.6% 和 16.1%，但增幅均有所放缓，而通往沿海港口的高速公路车流量有明显的下滑。最后，由于过去 10 年我国的公路供给增速远高于需求增速，公路资源紧张的局面大为改善，对一些成熟运营的高速公路项目，随着各主要路段通车日久和路网的不断完善，公路行业将进入真正意义上的依赖内生的车流量增长而稳定发展的阶段,过去交通量爆发式增长已经难以重现,高速公路企业的投资收益以难以回到过去几年的高速增长状态。

3. 优质项目成为稀缺性资源,公路企业外延式扩张受到限制

高速公路在总体上已从瓶颈状态逐步向适度超前状态转变。在此过程中,高速公路的车流量增长速度低于通行能力增长速度,尤其是后续建成项目的流量相对早期建成的高速公路呈现明显下降的趋势。此外,随着桥隧比例的增加、土地成本的提高和建设材料价格的上涨,我国高速公路建设成本逐年增加,平均每公里造价已经超过 6000 万元。今后建设成本随着土地等因素仍然会逐渐增加(有偿使用),交通量的下降以及建设成本的增加,使得部分新建公路投资收益水平普遍偏低,按照谨慎性原则测算,大多数新建高速公路收益率低于 8%。而优质公路项目基本上是早期建成通车的国家主干线项目,这些项目由于建设较早,工程造价低,交通区位好,投资收益水平较高,但这些项目是地方高速公路集团公司的优质资产,是地方高速公路公司贷款融资的主要质押标的,轻易不会推向市场,即使推向市场,也会由于评估价格过高而投资价值下降,或优先转让给旗下高速公路上市企业,一般性高速公路投资企业很难获得优质高速公路项目。

从优质资源竞争程度来看,高速公路投资主体较多,投资竞争非常激烈。首先,上市公司由于有母公司支持,获取优质资源优势明显,高速公路集团公司会优先将优质项目转让给旗下的上市高速公路公司,虽然收费公路权益转让办法要求权益转让进行公开招投标,但在实际操作过程中,各地以股权交易等模式,规避权益转让政策。其次,一些建筑企业也开始以 BOT 模式投资高速公路,由于这些企业是以工程建设为其主营业务,而经营收费公路只是其商业模式的一部分,因此这些企业可以承担较高的高速公路建设费用，其获利空间主要在于工程建设，而不在于运营阶段。最后，保险公司投资高速公路对现有高速公路企业形成较大的冲击，我国目前对保险资金投资基础设施政策限制逐步放开，一旦保险资金股权投资计划全部放开，由于保险资金规模巨大、收益要求较低，保险资金将会对现有高速公路投资企业形成巨大的冲击，高速公路投资就会面临较大的竞争，因此，未来高速公路市场竞争主要集中在保险公司、国有大型企业之间。

4. 我国高速公路企业经营模式单一，可持续发展能力弱

我国高速公路产业经营模式单一，一般都以高速公路通行费为营业收入，与国外高速公路企业多元化模式形成了鲜明对比。

图 2.7 显示，我国高速公路企业经营模式单一，都以高速公路通行费为主营业务收入，并没有进入停车场、机场等国际高速公路企业普遍经营的领域，除浙江沪杭甬"被迫"投资证券外，其余公司通行费收入占到营业收入的 80%，即使沪杭甬通行费收入也仅占主营业务的 55%，但从利润的角度来看，通行费对利润的贡献超过 80%。由于高速公路企业经营模式单一，承受系统风险能力就弱，一旦高速公路管理政策有所变化，如降低通行费标准，高速公路企业经营业绩会大幅下降。

高速公路产业并非完全市场化的竞争产业，而是属于特许经营范畴，高速公路企业在遵循一般企业追求投资收益的基础上，还需要承担作为公共产品的社会责任，而国家也通过产业发展政策和特许经营措施，协调高速公路公益性、经济性之间的矛盾，协调高速公路企业追求投资收益要求和社会对高速公路企业提供公共服务要求之间的矛盾。高速公路产业政策是高速公路企业经营发展的前提和基础，高速公路企业的经营管理、发展战略是建立在特许经营政策之上的，因此，高速公路企业发展中的问题，更多的是

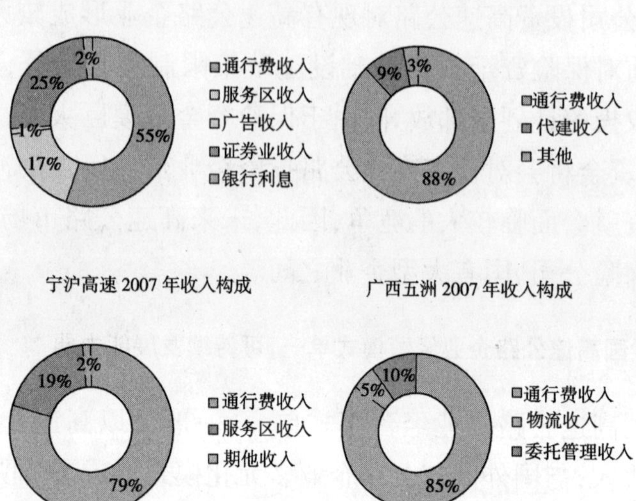

图 2.7 典型高速公路企业主营业务构成

产业发展问题，更多的是产业政策的问题，我国高速公路企业的发展困境，更说明了这一点。虽然高速公路企业经营发展受制于企业管理水平，但高速公路企业发展的困境更多的是国家产业政策和行业共性问题。要解决上述发展问题，不仅要提高我国高速公路企业投资运营水平，更需要完善高速公路产业发展政策，需要根据环境的变化，对相关特许经营政策进行适当调整。高速公路企业需要对未来特许经营政策理性的研究基础上，及时进行战略部署，从战略定位、战略目标、发展路径等方面建立企业可持续发展体系，实现企业的发展壮大与可持续经营的目标。

第三章　高速公路可持续发展理论研究

由于高速公路具有自然垄断性、不可移动性、长期使用性、网络经济性、公益性、外部性、级差效益性、沉没成本巨额性等特征，高速公路并非完全竞争的产品或者服务，它是一种特许经营的产业。高速公路企业的发展依赖于国家特许经营制度，因此，高速公路企业可持续发展理论是高速公路市场化理论与企业可持续发展理论的结合，是从理论上解释高速公路能否市场化、如何市场化、企业在高速公路市场化过程中如何制定可持续发展战略等内容。

一、高速公路产业市场化运作理论

市场化就是市场机制在资源配置中发挥作用持续地增大，产业对市场机制的依赖程度不断加深和增强，是市场机制从逐步产生、发展到成熟的演变过程。市场化实际上就是指将原先由政府或公共部门提供的某一产品或劳务，部分的或全部转由市场机制提供的过程，其主要目的是利用市场机制提高该产品或劳务的供给效率。高速公路市场化，即市场机制在高速公路资源配置中发挥作用，公路市场化程度越高，意味着市场机制在公路资源配置中作用越大，竞争机制、供求机制、价格机制在公路资源供给中作用越明显。

1. 基于福利经济学理论的高速公路供给理论

根据物品消费的竞争性和排他性，公共经济学将物品分为三种形态，即公共产品、私人产品和准公共产品。不同的产品形态具有不同的需求及供给形式。私人产品由于其消费上竞争性及排他性的特征，消费者在竞争市场通过货币（产品价格）实现对产品的需求，产品需求可以通过价格信息和数量信息的传递过程获得，并通过多种技术手段进行准确的分析。而公共产品由于其消费上具有非排他性、非竞争性和不可分割性，容易产生“无票搭便车”的投机行为，会使部分消费者隐瞒自己需求偏好，所以显示出来的需求曲线是虚拟的。因此，供给物品的需求主要通过全体成员投票表决的模式来显示。准公共物品鉴于二者中间，既有一定的竞争性，又有一定的排他性，对于消费者偏好明显、排他技术成熟的物品，市场机制能显示其需求水平，具备市场化运作基础。

物品消费需求特性决定了其供给的差别，公共产品由于其需求信息的复杂性，决定了其价值补偿只能通过税收强制的方式由政府提供。私人物品是市场竞争领域的产品，可以由市场通过供求关系决定其供给。准公共物品既有市场属性，又有公益属性，其价值补偿既可以通过税收模式，也可以通过市场模式进行补偿，通常采取收费的模式进行价值补偿。

（1）高速公路属于准公共产品，可以由政府提供也可以由市场提供

普通公路由于具有非排他性和非竞争性，属于公共产品，所以普通公路的修建与维护一般由政府来提供。而高速公路和普通公路最大的差别在于高速公路的封闭属性，可以轻易实现排他，将不付费者排除出去。此外，随着信息技术的发展，尤其是GPS定位技术及电子收费技术的普及，使得高速公路排它成本更低、效率更高。另一方面，高速公路具有部分消费竞争性，在高速公路饱和之前，增加另外一单位的消费者（车辆）对其他消费者不构成影响，此时高速公路的边际成本不变，但当交通量饱和以后，新增车辆会对

其余车辆造成损害,随着消费者的增加,边际成本增加,平均成本随之增加,体现出高速公路消费的竞争性,呈现出一定的私人物品属性。高速公路这种准公共物品属性决定了高速公路可以由市场提供。

首先,准公共特性使高速公路具备了市场提供的可能。福利经济学认为,对于性质介于公共物品和私人物品之间的准公共物品,既可以公共配置,在一定条件下,也可能由私人或其他性质的生产者提供。高速公路由于存在消费上的可分性,也存在私人消费需求的差异性,这类产品既可以由政府提供,也可以在政府管制基础上由市场提供。其次,即使是公共物品也可以引入市场机制。现代公共经济学认为,即便是纯公共物品,也不能完全排除市场涉足这个领域的可能性,理由是在现实中可以把某些纯公共产品的提供和运营区分开来。政府提供公共物品并不等于政府运营公共产品,政府完全可以通过合同等形式,将某些纯公共物品的运营和供给交给私人企业进行,从而在公共产品中引入市场机制。

图3.1中,萨瓦斯说明高速公路具有一定的排他性和消费的共同性,既可以由政府统一供给,也可以由市场供给,不同供给方式取决于社会需要。

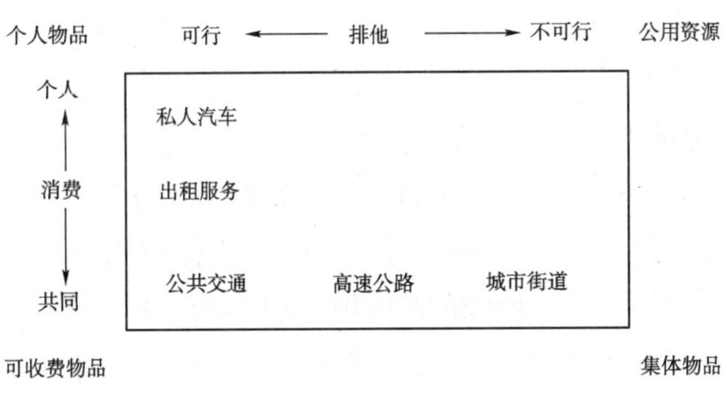

图3.1 交通基础设施的消费性和排他性(来源ES萨瓦斯2002)

(2)级差效益和拥挤效益是高速公路市场化运作的主要依据

首先,道路级差效益理论是道路市场化价值补偿的理论支撑。推行高速公路市场化价值补偿的基本前提是高速公路能够提供级差效益。高速公路比一般公路具有级差效益,这种极差效益主要体现在高速公路能降低车辆运输成本、节约车辆运行时间并减少交通事故。由此可见,对使用高速公路的车辆收取通行费只是车辆使用高速公路所获得的级差效益的一部分,因此向高速公路的使用者征收车辆通行费用于补偿投资支出和经营费用,符合"谁受益,谁负担"的经济原则。其次,高速公路拥挤效益为市场化价值补偿提供可能。高速公路市场化价值补偿是由高速公路拥挤性和消费数量的非均等性特点所决定,也只有通过收取适当费用的方式才能调节准公共物品的供给数量,防止过度拥挤或过度使用等情况的发生。

2. 基于现代市场经济理论的高速公路经营理论

传统经济学都认为,市场制度在提供准公共产品方面是无能为力的,从 20 世纪 70 年代以来,以科斯、德姆塞茨、布坎南为代表的经济学家对传统经济学理论进行批评,认为在很多情况下市场制度是行得通的,至少不能证明比政府提供方式具有更低的效率。技术进步可以低成本进行排他,若把交易成本、供求信息等因素考虑进去,市场是更有效率的提供方式。

(1)高速公路是一种特殊商品,可以进行市场化运作

商品是为交换而生产的劳动产品,它具有使用价值和价值两个因素,具有对他人的使用价值是物品成为商品的必要条件,是否为交换而生产是物品成为商品的关键,物品的稀缺性是物品成为商品的必要条件。高速公路作为一种交通基础设施,具有对他人的使用价值,高速公路又是劳动产品,具有价值,此外,高速公路资

源的生产成本高、政府(市场)供给能力有限,具有资源稀缺性,这一切意味着公路具备成为商品的条件,但高速公路并非天然就是商品,是否成为商品还取决于社会管理的需要。当公路资产能够转让时,公路产品就属于商品。公路产品可以分为路产、经营权等,从资产本身属性来讲,不论路产、经营权都是可以转让的资产,但由于公路资产是附着在一定土地资源之上,不同国家土地资产属性不同,所以高速公路路产是否能够成为商品取决于一个国家的经济管理制度。但高速公路收费经营权和土地资源没有天然的连接,收费公路经营权在许多国家都当作产品进行交易,这也说明了高速公路产品的商品属性。

(2)排他性成本决定物品的属性,高速公路市场化运作符合消费者均衡条件

现代经济理论认为,所有产品或者服务都可以用两种不同的方式供给,平等进入和选择性进入,平等进入指的是政府通过税收提供;选择性进入指的是市场化提供。产品的供给方式不是由产品的内在属性决定的,而是由排他性技术和消费者偏好所决定的,而这两者都是随时间而变化的。首先,在准公共产品的供给上,当自愿的方法不能有效时,强制的方法也不能认为是更有效的,高速公路"提供"与"运营"的可分离性,为高速公路在特定领域内引入竞争机制提供了可能性。其次,高速公路由于具有封闭的特征,所以可以轻易的实现排它,将不付费者排除出去,而且电子收费及通讯技术可以准确地界定责任人或受益对象。随着电子及无线收费系统的成本的降低,高速公路排他成本逐渐降低,更加便于市场化运作。其次,随着公路网的完善,同一起止点路网竞争格局的形成,不同路网效率的差异完全可以满足不同消费者的偏好,而不同消费水平的公路使用者愿意为不同等级的公路产品支付不同的使用成本。现代经济学认为,消费者的偏好不同,用价格歧视对不同

消费者差别收费是满足消费者均衡条件的。

3. 基于绩效评价理论的高速公路市场化运作理论

公共机制存在不足,但市场机制也并非万能。政府与市场各有利弊。政府的优势在于通过政府权威保证公共物品与服务的充分、公平供给,劣势是难以实现资源的有效配置。市场机制的优势是实现资源的有效配置,劣势在于难以消除外部效应与保证社会公平。

(1)高速公路市场化运作体现了谁受益、谁负担的公平性原则

一般来说产品价值补偿主要有三种模式:税收补偿、收费补偿和价格补偿。不同的价值补偿模式显示了产品的市场化程度。在引入市场竞争之前,所有公路产品都应当作公共产品,其价值补偿通过税收的模式进行。税收模式有两种部分组成,一种是由全体社会公众以缴纳各种税金的方式,即普通税收的模式;另一种是由全体公路用户以燃油税和车辆购置税等方式,即专项税的模式。第一种属于间接付费方式,社会公众实际上是在“不知不觉地”为公路建设付费。第二种付费方式属于专项付费模式,付费多少与使用公路的数量直接联系。随着市场化程度的增加,高速公路商品属性的逐步显示,高速公路的价值补偿可以通过收费的模式进行补偿。此时,收费的主要目的在于产品的价值补偿而不是利润最大化,如日本的道路公团收费,我国的高速公路收费也基本上以此为主。此后,随着高速公路排他技术的普及,消费者差异化需求的逐步显现,高速公路已经变成竞争性产品,其价值补偿可以通过市场价格的方式予以补偿,如法国等高速公路私有化的国家,这种属于直接付费方式,体现了“使用者付费,多使用多付费”的公平原则。

不同的支付模式说明世界上没有完全免费的高速公路。税赋

建设、"免费"使用的模式有利于国家集中财力快速建设公路网络，而且税赋全民支付的方式降低了使用者的负担，但增加了未使用者的负担。与完全通过普通税收来筹集公路建设资金而言，通过燃油税的模式建设高速公路可以体现使用者支付的公平原则。但与通行费模式相比，收取通行费模式更能体现使用者支付的公平原则，因为在公路网络中，高速公路里程所占比重较低，而且大多都是城际连接线，而车辆多数是在市内运行，这些车辆在没有或者很少使用高速公路的情况下依然需要支付高速公路建设成本，相比较而言，使用者付费的原则更能体现公平性。

(2)高速公路市场化供给效率高于政府税收供给效率，体现了效率的原则

传统的公共物品理论认为，市场不能做或做不好的，政府就应予以介入，并且政府的介入也一定能解决问题。首先，市场失灵并不是政府提供的充分理由，政府同样存在缺陷，主要表现在交易成本高、信息失真、虚拟的需求信息可能会导致供给的无效及浪费，若把这些投资决策失误或者管理上低效率所导致的经济损失考虑进去，政府提供的成本可能就大于市场提供的成本。其次，市场提供可以大幅度降低基础设施的建设维护费用。通过竞争机制，促使各提供主体为争夺市场或公共服务提供权而展开激烈竞争，其结果是能获得比在垄断服务下更高的生产效率和更少的成本费用。研究表明，公共部门提供的服务成本费用，平均比承包商提供的服务成本费用要高35% ~95%。英国道路市场化运作的实例显示，英国市场化运作模式下(PPP)的公路工程达到和超过价格与质量的要求，而且可以节省17%的资金，80%的工程项目按规定工期完成，与常规的合同外包模式相比，常规招标项目按期完成的只有30% ，20%未按期完成的，拖延时间最长没有超过4个月。此外，从预算的角度来看，市场化运作的工程80%的投资均在预算之

内,20%超过预算的是因为政府提出调整工程方案,相比较而言,合同模式(一般传统招标)只能达到25%。萨瓦斯在2002年的实证研究得出,即使是单纯将基础设施的维护交给民间组织,依然可以大幅度提高经营效率,如,道路清扫承包后可以节约49%的费用,监护设施建设可以节约30%,交通信号灯维护可以节约36%。

二、高速公路企业可持续发展理论

高速公路企业提供的产品是高速公路通行服务。由于这种产品具有一般商品的使用价值和价值,但是否作为商品由国家制度决定。有些国家把高速公路作为公益性产品,由政府提供,也有些国家把高速公路作为商品,可以进行市场交易,但多数国家高速公路产业大多属于特许经营范畴。因此,高速公路企业的可持续发展是针对高速公路这种特殊商品属性而言的,是针对高速公路经营期限而言的一种企业持续经营的理论。它既遵循企业可持续发展的一般理论,又有特指,特指是指在高速公路产业可以市场化运作的基础上,高速公路企业在不断为社会提供高效、优质的道路通行服务中,既要考虑经营期内企业经营目标的实现和提高企业市场地位,又要追求企业在经营期结束后还能保持持续的盈利和增长能力。因此,高速公路企业的可持续发展重点在于制定如何让企业可持续经营的发展战略,如,建立何种发展目标,采取何种商业模式,以确保企业在经营期结束后,仍然能保持持续的发展能力。

1. 高速公路市场化特征分析

公路具有基础性、公益性、垄断性等特征,决定了公路市场化目前还难以完全按照供求关系进行生产、定价,多数国家公路市场化也只是在一定范围内的市场化,主要从资金筹集、建设、运营、养护等环节的市场化，因此，高速公路企业需要根据市场化特征确定企业的发展战略和商业模式。

(1)高速公路市场化是在政府宏观调控基础上的市场化

高速公路具有明显的外部性和公益性，与其他市场化的产品和服务相比，公路基础设施市场化具有部分市场化的特点，主要集中在融资、建设、运营、养护等环节，而路网规划、收费价格、交通控制等环境是政府职能，因此，高速公路市场化是在政府宏观调控基础上的市场化。

(2)高速公路市场化是在投资及运营主体的多元化

高速公路公益性、长期使用性及经济性决定产品最关键的两个因素是基础设施的提供和经营，前者主要指由谁承担基础设施项目投资资金的问题，后者是指由谁负责公路基础设施的运营管理。高速公路市场化是通过竞争机制的引入，打破了政府垄断高速公路服务的局面，各种投资主体都可能通过竞争而成为高速公路服务的提供者，因而在投资及运营主体上呈现出由一元主体向多元主体发展的特点，这些主体不但可以承担投资建设任务，也可以承担运营管理任务。

(3)征收通行费是高速公路市场化运作的主要体现

高速公路市场化是市场机制在公路资源配置过程中作用的发挥，强调通过市场购买他人的劳务，政府间接生产来提供公路通行服务，而收取道路通行费是高速公路市场化运作的主要表现。收取通行费的主要目的在于：①收费还贷。在这种情况下，收费标准的高低取决于贷款本金、贷款利率、贷款偿还期和收费交通量等因素，一旦还清贷款本息，应立即停止收费。②收费经营。在特许经营情况下，收费标准的高低由政府确定，政府依据建设成本、交通量等因素，确定项目的经营期和收费标准，然后通过招标的方式选择投资主体。③拥挤收费。是为了控制交通量、减少拥挤、提高现有高速公路的经济效益而对车辆进行收费，在这种情况下，收费标准的高低主要取决于交通量。④投资收益。高速公路完全作为商品，由投资者根据供求信息确定生产和提供规模，使用者可以选择不同的通行服务标准。

(4)高速公路市场化运作关键在于商业模式的多样化

高速公路产业市场化运作中，市场竞争取代了垄断性服务，各投资主体为争夺公共服务的提供权都需参与市场竞争，而且参与竞争的方式是多样的。与投资主体多元化、竞争模式多样性相对应，高速公路市场化商业模式上也是多样化的，与以往单一的政府供给模式相比，高速公路市场化商业模式被民营化、合同出租、公私合作、使用者付费、凭单制度等多种形式所取代。

2. 企业可持续发展理论

可持续发展是20世纪80年代随着人们对全球环境与发展问题的广泛讨论而提出的一个全新概念。可持续发展最初研究重点是人类社会在经济增长的同时如何适应并满足生态环境的承载能力，主要指的是人口、环境、生态和资源与经济的协调发展。此后，这一理论不断地充实完善，可持续的研究从环境领域渗透到各个领域，并在各自领域形成了自己的研究内容和研究途径。

(1)企业可持续发展理论

企业可持续发展，是指企业在追求生存和发展的过程中，既要考虑企业经营目标的实现和提高企业市场地位，又要保持企业在已领先的竞争领域和未来扩张的经营环境中始终保持持续的盈利增长和能力的提高，保证企业在相当长的时间内长盛不衰。可见，可持续发展是既要考虑当前发展的需要，又要考虑未来发展的需要，在满足现在利益的同时可持续发展，其也是包括面对不可预期的环境震荡，持续保持发展趋势的一种发展观。这种发展观，从所有人的角度来讲,企业应当持续盈利。从雇员的角度来讲,企业应当保持和扩大雇佣的规模。从供应商的角度来讲,企业应当不断提出新的订单。从政府的角度来讲,企业应当不断地纳税。而从顾客的角度来讲,企业应当持续地供应符合市场数量需求和价格需求的产品。在所有上述表现中,最为基本的,应当是企业源源不断地提供适应市场需要和变化的产品,并不断获得利益。

企业可持续发展战略制定的目的就是提高企业核心竞争能力,创造持续竞争优势,求得企业的长期生存与发展。企业可持续发展战略作为企业竞争战略的重要组成部分,来源于企业竞争战略理论,因此企业可持续发展理论符合一般企业发展战略制定的原则,需要经历战略分析、战略制定、战略实施、战略控制四个阶段。

(2)高速公路企业可持续发展战略

高速公路企业可持续发展是建立在高速公路市场化基础上,高速公路市场化政策决定了高速公路企业的可持续发展战略方向。由于多数国家高速公路采取特许经营制度,限定高速公路经营年限和收费价格,因此,高速公路企业的可持续发展重点在于研究在国家监管下,如何创新商业模式获得竞争优势,如何突破经营年限的限制,成为永续经营。这种企业战略不仅要考虑经营期内的战略目标还要考虑项目经营期结束后的战略目标。

高速公路企业可持续发展战略制定符合一般企业战略制定流程,需要进行 SWOT 分析,分析企业的优势和劣势,分析外部环境的机遇和挑战,要从产业链、企业属性及政策环境等角度选择企业战略,确定企业的战略目标、业务范围、发展路径、商业模式等,其重点是战略目标定位及商业模式选择。

3. 高速公路企业商业模式

在市场经济体制下,市场对资源配置起基础性作用,在高速公路产业市场化过程中，高速公路企业的经营模式由市场机制参与程度所决定，根据市场机制发挥作用的程度，高速公路商业模式分为三个阶段，如图3.2所示。

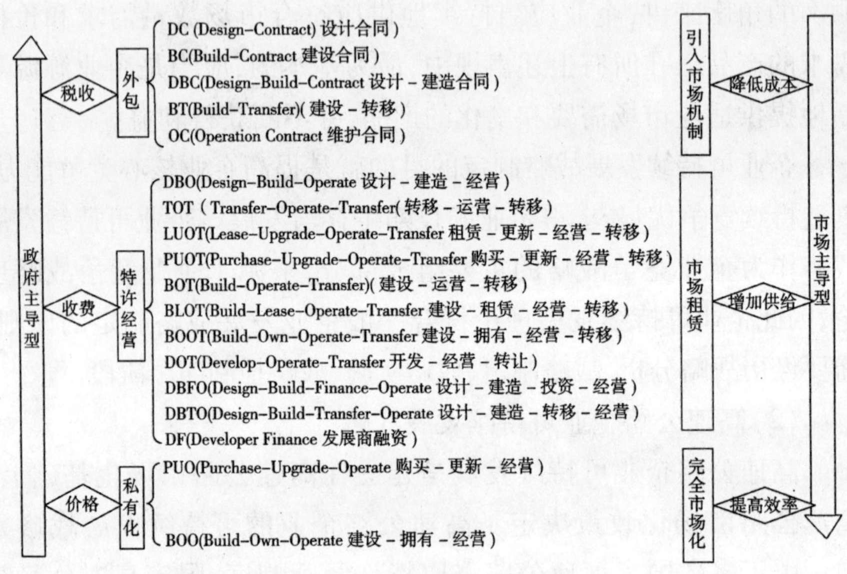

图3.2　高速公路市场化商业模式

图3.2说明，在高速公路市场化分为三个阶段：在高速公路市场化初期，即引进市场机制之初，高速公路的价值补偿是以税收强制方式实现，所以不存在高速公路收费。随着市场化程度的增加，供求机制、价格机制在公路市场中的作用越加明显，尤其是高速公路实施特许经营时，高速公路收费就成为其价值补偿的主要来源，此时高速收费成为高速公路市场化运作的主要体现方式。当高速公路完全实现私有化或民营化后，高速公路服务完全是一种竞争性产品时，此时高速公路价值补偿是通过高速公路服务价格来实现的，此时的高速公路“收费”，是高速公路使用者支付通行服务的价格。

(1)合同外包阶段

合同外包阶段，即完全政府主导阶段。此时，高速公路属于公共产品,主要是通过税收的模式建设与管养。政府在公路产品提供过程中,将部分产品生产过程承包给私人部门,以合同约定的形式吸收社会参与到公路建设、养护市场中来,而私人部门通过招投标等形式,并通过合同约定的方式进入公路市场中去,此时商业模式主要是外包,如设计外包、建设外包、养护外包。完全政府主导的阶段是高速公路服务企业的商业模式,并非高速公路投资运营企业的商业模式,但合同外包是市场机制在公路市场中的初步引入,它打破了公路产品完全由政府提供的垄断局面,提高了公路产品的供给效率。

(2)特许经营阶段

特许经营阶段,是政府主导向市场主导过渡的中间阶段,此时,不仅强调高速公路的公益属性,也强调高速公路的经济属性,公益性需要加强政府的监管,制定一些管制政策,而经济属性需要引入市场机制,提高效率,此时高速公路产业属于特许经营的范畴,高速公路资产属于国家所有,政府保留公路产权和收费价格核准权,商业模式主要是租赁、TOT、BOT 等商业模式,高速公路企业通过租赁获得高速公路收益权,并向政府部门支付租赁费,向使用者收取通行费,租赁期限结束后要转移给国家或公共机构,见表 3.1。

特许经营模式下政府与企业权责 表 3.1

	权　利	义　务
政府	制定公路法法规、行业标准。制定高速公路网规划。审批工程设计、监督工程质量。制订收费标准和有关政策。	承担部分投资资金和办理贷款担保。承担征地、拆迁等事项。创造公平、合理的投资环境。保障企业合理投资回报水平。
企业	依据特许经营协议经营高速公路,收取车辆通行费,经营管理高速公路。	按国家标准建、养公路,在经营期内保证高速公路满足交通量通行需要。按照协议上交高速公路租赁费用。

特许经营的核心问题主要有三:一是在经营主体的选择过程中引入竞争机制。二是政府授权企业经营,这种权力是公共权力,

是社会权力。三是政府和企业双方用协议的形式界定各自的权责利。

(3)私有化阶段

私有化阶段是完全市场主导阶段,强调高速公路的商品属性,在政府行业管理制度约束下,高速公路产品是完全竞争的产品,国家完全退出高速公路产品的生产过程中,高速公路投资企业在符合国家管理制度下可以自行决定高速公路的建设等级、规模,高速公路产权归属投资者,高速公路没有收费年限的限制,企业具有一定的收费价格调整权力,投资者对高速公路产权具有完全处置权,此时,高速公路投资运营企业的商业模式与一般商品的经营模式类似,不是生产与经营,就是购买与经营。

高速公路企业商业模式的选择主要取决于国家行业管理政策,当今多数国家高速公路是采取特许经营管理的模式,高速公路资产归国家所有,政府并不直接经营高速公路,高速公路经营权都移交给高速公路企业经营。由于各国采取的特许经营制度上差别较大,导致各国高速公路商业模式不同,所以出现了 DBO、TOT、BOT、BOOT 等商业模式,这些商业模式是对设计、建设、经营、转让等产业链环节组合而成。高速公路企业可以依据国家产业发展政策、高速公路项目特征和企业自身优势,灵活组合,选择适合的商业模式。

第四章　国际高速公路可持续发展研究

世界上第一条高速公路建于1932年,是德国的波恩到科隆的高速公路。目前,全世界80多个国家拥有高速公路,高速公路通车里程达到23万多公里(2004年数据)。高速公路总里程最多的国家是美国,目前美国的高速公路总里程为10万公里,已建成完善的州际高速公路网。第二名是中国,目前已经突破了6万公里。第三名是澳大利亚,拥有1.9万公里,第四名是加拿大,拥有1.65万公里高速公路,而且绝大部分不征收车辆通行费。第五名是德国,拥有1.25万公里高速公路,第六名是法国,拥有1万公里高速公路。

高速公路虽然在各国公路网中所占比例较低,但在综合运输中,却占据了非常重要的地位。据统计,法国高速公路里程仅占公路总里程的1%,却承担法国50%的车流量,日本高速公路仅占全国公路里程的0.68%,却承担了总货运量25.6%。美国高速公路占全国公路里程的1.35%,却担负着总运输量的25%,英国高速公路占公路总里程的4%,却承担着交通总量的34%,货运量的67%。可见,高速公路在各国交通运输体系中均发挥了重要的作用。

一、发达国家高速公路产业发展模式分析

20世纪50年代,西方发达国家逐步从二次世界大中恢复过来,进入了经济持续增长和社会现代化时期,私人小汽车拥有量不

断上升,公路运输需求不断增多。经济的快速发展要求建立高效的公路运输系统,而高速公路通行能力、运输速度、可靠性、安全性大大高于普通公路,建设高速公路成为西方国家战后经济发展的最佳选择。为此,西方国家普遍在二次世界大战后开始大规模建设高速公路,许多经济振兴的发展中国家也随之开始兴建高速公路,同样产生了巨大的社会经济效益。

高速公路建设成本高,投资规模巨大,产业发展的关键是资金筹措问题,从国外高速公路资金来源渠道看,高速公路融资模式分为三类:一般税收、公路使用者税和道路通行费。从管理体制的角度来看,对应的分别为中央财政制、专项基金制和项目融资制三类[1]。

(1)中央财政制

中央财政制,是指公路建设资金主要来源于一般税收,即全体居民通过普通税收支付公路建设成本。采用一般税收的国家认为,公路具有社会公益性,使用普通税收修建公路是合理的。当然,各国在选择普通税时,也多选用那些与公路发展受益关系密切的税种。有些国家的地方政府在其地方税收中划出一定比例特别作为道路发展基金,例如,美国公路投资中,地方普通税收占地方投资的58.7%(1994年),而其从地方税收中划出的公路发展基金占地方公路总资金的13.7%。

中央财政制是在高速公路建设之初,世界各国普遍采用的投融资体制。采用中央财政制,有利于降低公路使用者的负担,此外,中央统一财政有利于国家统筹兼顾,当国家财力比较充足,对基础设施建设投入较多时,可以集中力量加快高速公路的建设。实现中央财政制的国家主要集中在欧洲,包括英国、德国、丹麦、荷

[1] 王桥,世界高速公路投融资体制,贵州日报,2008.3.24

兰、西班牙、瑞典等国家。

(2)专项基金制

专项基金制是指公路建设资金来源于公路使用者税收。公路使用者税大致上分为:汽、柴油及汽车轮胎、配件材料与易耗品的消费税,汽车购置税,车辆使用税,包括车辆登记、牌照、汽车重量(单轴及整车重量)、汽车驾驶员执照等税种。这些税收中,燃油税的比重最大,一般而言,发达国家平均公路使用者税占公路资金总量的70%,燃油税平均占公路使用者税的70%。

使用者税属于特定财源制度,采用专项基金制度,使公路各项费用支出与公路使用直接联系,相对于中央财政制,具有明显的公平性和稳定性。此外,各国普遍颁布了公路专项基金使用的法律、法规,公路基金的使用比较规范,提高了资金的利用率。实行公路专项基金制的国家有美国、日本、澳大利亚等国家。

(3)项目融资制

项目融资制也就是道路通行费制度,是指以特定的高速公路收费权作为担保条件,通过向金融机构借款等方式,或者通过特许经营的模式,由高速公路公司发行债券和股票等模式筹集高速公路建设所需资金,等高速公路建成通车后,利用收取的通行费予以偿还。

二战以后,西方国家为恢复经济,开始大量投资建设高速公路,随着建设规模的扩大,资金需求大增,政府没有能力通过正常税收渠道筹集足够的公路资金,因此,部分国家开始采取以公路收费为担保的债务融资模式,或者向民间资本融资。但当时由于基础设施市场化还不成熟,项目融资的规模较小,采取这种模式的国家较少。项目融资制的国家主要以法国、意大利为代表。目前,采取项目融资制已经成为国际上高速公路产业发展最主要的融资模式。

1. 中央财政制的英国

英国虽然有燃油税和车辆注册税等公路使用者税收,而且英国的油价是美国的三倍,但用于高速公路建设的资金与公路税收收入没有直接关系,英国不设立专门的高速公路基金,公路建设资金主要来源于国家的财政拨款。由于一般财政拨款往往是各种公共设施竞相争取的对象,高速公路在竞争中往往处于不利的地位,因此,英国高速公路投资建设增长一直不快,其建设速度和建设规模,大大落后于德国、法国和意大利等国。英国从二十世纪五六十年代就开始建设高速公路,第一条高速公路在 1958 年建成,但直到 1970 年,英国高速公路通车里程仅有 1022 公里,除了极少数几条私人所有的地方公路之外,英国绝大多数公路都是免费使用的。

1989 年,英国政府出台了“通往繁荣之路”和“新手段建设新道路”两个文件,宣布政府将直接允许私人集资建设和管理道路。此后,英国吸引非政府渠道资金的收费公路项目逐渐增多,并推行 BOT 及多种 BOT 衍生形式,如 DBFO(设计、建设、融资和运营),同时出现了将高速公路的经营权进行有偿转让的融资方式,市场化融资加快了高速公路建设速度,到 20 世纪末,英国高速路总里程达到 9380 公里。英国第一条私营收费高速公路于 2003 年底通车,是伯明翰向英格兰北部延伸的高速公路,该条道路全长 27 英里,建设成本 9 亿英镑,全程通行费需要 2 英镑。目前英国的公路网络中采用 DBFO 方式建造的高速公路已有 9 条,政府依然保留对这些道路的所有权,并对收费公路进行行业监管。

近几年,英国政府计划对卡车收取道路使用费,对轿车的收费也在讨论之中,从现有的文献资料来看,英国的高速公路收取通行费势在必行。

2. 中央财政制的德国

德国是世界上最早修建高速公路的国家,其高速公路已有 60 多年的历史。由于地处欧洲中部,德国有 9 条高速公路与邻国相通,其大部分高速公路同时又承担着欧洲大陆交通的重任。到 2007 年底,高速公路总里程达到 1.2 万公里,其中八车道的高速公路占高速公路总里程的 25%,分布在大中城市附近的一两百公里之内,六车道高速公路占 70%,四车道高速公路仅占 5%,修建四车道高速公路的主要原因是自然条件所限,主要位于河道、悬崖、隧道等路况较复杂、崎岖的地段。根据德国 2004 年 10 月生效的《第五个远程公路扩建修改法》及《联邦远程公路新需求规划》,从 2001 年起,整个联邦德国境内只需新建高速公路 1900 公里,高速公路建设的重点已经转移到增加车道、提高车辆的通行数量和减少进出各大城市的堵塞点上。

在德国,几乎每家每户都有汽车,而高速公路属于公共财产,所以德国至今尚未对家庭轿车征收高速公路使用税。德国原来的高速公路建设投资主要来自联邦政府,一般情况下联邦政府资金在项目投资中占 90% 左右,州政府资金占 10%,初期还有少量外来贷款,后来出台石油税收法后,则用汽车燃油税作为高速公路建设的主要资金来源。德国政府一向不主张利用收取通行费的方式为建设高速公路筹资,这与其周边一些国家形成鲜明对照。德国希望建成一个交通不受任何阻碍的高速公路系统,并希望把这项政策推行到整个欧洲,因此,德国的高速公路是世界上唯一正常情况下不限速行驶的高速公路。

2003 年 11 月,德国开始对高速公路上行驶的大货车收取通行费,并计划对私人汽车开始收取通行费(养路费)。德国高速公路收费的原因:①欧盟内部多数高速公路收取通行费,但德国不收费,欧盟一体化后,德国地处欧洲中部,多数高速公路成为欧盟的运输通道,如果仅仅德国不收费,而别的欧盟国家收费的话,对德国是不公平的。②随着高速公路建设投资资金压力的越来越大,通过收费的模式,可以解决扩建道路的资金短缺问题。③为了平衡公路交通和铁路交通的比重,由于铁路系统闲置,德国政府认为,高速公路行驶的成本增加后,货物运输必然会向其他运输方式上转移,德国的铁路和内河航运因此也获得更多的机会,此外,每公里通行费的高低和货车的车轴数和污染级别成正比,这也支持了联邦政府的环保政策。④德国的不停车收费技术世界领先,全自动高速公路缴费系统在全欧洲乃至全世界树立了一个榜样,电子收费不仅带来了新的商机、新的就业机会,更将推动德国信息技术的创新。

3. 专项基金制的美国

美国作为典型的以非收费公路为主的国家,在高速公路建设期,主要通过财政投入建设高速公路,并以财政收入为底线,很少进行市场融资,因此美国高速公路大多数是免费公路。美国近年来出现的高速公路私有化趋势也能反映出世界上高速公路非市场化发展国家的发展趋势,美国高速公路发展过程具有较强的代表性。

美国的第一条高速公路为位于西部的洛杉矶,全长 6 公里,于 1940 年通车。二次世界大战后,为了增强战争时期调动部队和输送战争物资的快速反应能力,美国政府构思要在全美范围内的大都市间修建高速公路,1956 年,美国总统艾森豪威尔敦促国会通过了《联邦资助公路法案》,确立了高速公路的发展框架。根据这一法案,州际高速公路由联邦政府和州政府按照 9:1 的比例出资。其中联邦资金由“联邦公路信托基金”提供。这个基金的资金87.6%

来自机动车燃油税，另一部分资金来源是大型车辆的销售税和使用税等。《联邦资助公路法案》还规定，州际高速公路的建设和基金的收入挂钩，收多少钱，修多少公路，不对外融资。

从 1940 年第一条高速公路建成到 20 世纪 70 年代早期，美国高速公路进入了黄金发展时代，平均每年建成 3000 公里的高速公路，这个时间段持续了大约 30 年。到 80 年代末期，美国的高速公路网基本建成，共形成 8.9 万公里的高速公路，当时大约有 9000 公里的收费公路。

(1)美国收费公路发展状况

美国的收费公路早于高速公路，1792 年，美国的第一条收费公路，费城至宾夕法尼亚州兰开斯特公路建成，这是一条区域性的收费公路。1806 年，美国联邦政府通过立法，出资建立了第一条国家收费公路，该公路从马里兰州向西延伸到俄亥俄河。此后一直到 19 世纪末，收费公路在主要城际公路的建设、管理和养护中一直扮演着重要的角色。但到 1916 年，美国联邦政府通过的第一部联邦资助公路法明确规定，不允许联邦资助资金用于收费设施的修建，扭转了收费公路的发展势头。美国政府认为，对于公路的使用，如果采取收费的办法，在公路上设卡收费成本高，还会给行车带来诸多不便，而征收燃油税是最有效、最公平的方法，谁开的里程多，使用道路多，谁交的税就多。

1927 年，美国国会又开始允许联邦资助资金用于收费桥梁和连接线的修建，但对其限制较多。在随后的 20 年里，只有几条公路采用了收费的方式进行建设运营。1956 年颁布的《联邦补助道路条例》规定，凡是收费公路，必须并入州际公路网，方可享受联邦政府的经费补助，同时，该法中明确规定 90% 以上的州际公路不能收费，尽管如此，美国的收费公路还是得到了一定的发展，当时兴起收费公路的原因如下：①“二战”以后为恢复经济，急需大量投资建设公路,随着资金需求大增,政府没有能力通过正常税收渠道筹集足够公路建设资金,而提高燃油税税率又面临强大的社会压力,难以获得支持。②美国多数州政府规定限制公路项目向银行大量借款,但却允许公路项目向民间发行以收费为担保的公路债券。

进入70年代之后,在公路使用者税收收入增加和许多公路偿还完债券本息的情况下,收费公路建设降温。1975年,美国有近3680公里收费高速公路并入州际公路系统,成为免费公路。美国收费公路随着公路建设的大发展而兴起,并随着现代化高速公路网的完成而减少。

20世纪90年代以后,美国收费公路的命运再一次出现转机,到了1991年,美国联邦又出台鼓励私人资金投入公路的政策,美国国会通过了多式联运法案[1](ISTEA, Intermodal Surface Transportation Efficiency Act 1991),为联邦资助公路基金用于收费公路提供了可能性和更加灵活的方式,提出美国新建的收费公路必须满足以下两个基本条件:首先,应符合国家至少20年至25年的长期规划。其次,应符合严格的环境要求,公路建设项目必须进行环境影响的评估,通过联邦环境审批的项目才能建设。当时,新建收费公路或者免费公路民营化浪潮的主要原因有:①电子不停车收费系统的出现,克服了原有停车收费可能导致交通延误、拥挤的弊端,使人们对收费公路看法有所改变。②美国居民反对提高燃油税,受制于选民的压力,燃油税10年没有进行调整。随着车辆技术提高,新型汽车耗油较低,生产成本也大幅降低,因此,燃油税和车购税收入实际上大幅下降。近年来,公路基金已经无法满足对公路建设和养护资金的需求,截至2007年,公路基金已经有1万亿美元左右的空缺,为了筹集公路建设、维修的资金,需要寻找创

[1] http://ntl. bts. gov/DOCS/ste. html

新性的融资方式。③美国收费的高速公路基本上都是20世纪50年代修建,因为年久失修,这些公路严重老化,需要大修维护,有些不适应新增交通量的路段需要重建,美国政府为了扩大资金来源,推出鼓励私人投资收费公路的政策。④政府对高速公路的管理效率低下,公路私有化运营的目的是想通过私人企业的示范作用提高公路管理效率。

为了提高收费效率,降低收费标准,许多州政府还采取了两项措施:一是采用公私合营的方式,政府和私营企业签订合同,由私营企业对道路进行建设、维护、经营,但要求他们收费必须合理,不能因高收费让老百姓用不起路,未来合同期满后,政府收回经营权。二是采取电子不停车收费,也就是所谓的E-pass,目前,美国道路交通的电子收费系统和人工收费系统的收入比例已达7:3,而且还有进一步扩大的趋势。

事实证明,近年来采取收费公路及民营化运作大大促进了美国公路事业的发展,收费公路从20世纪90年代的9000公里发展到目前的1.3万公里左右。目前,美国已有19个州允许建设公私合营的高速公路,已有10个项目开始尝试由私人自建自管,在这种项目中政府与私人主要通过合同的形式来确立双方的权利义务,政府是交通设施的所有者,私人则可以拥有交通设施中的某一部分(如交通管理系统、服务区等),并从中获得相应的收益。

美国通过收费公路民营化运作取得的成就体现在:①由于收费公路主要靠贷款和发行债券,可以不受国家预算的约束,从而加快了公路建设部分,并提高了扩建公路的进度。②由于收费公路通过收取的通行费按时还本付息,因此,会促进收费公路建设单位的经济责任感,以便尽快建成通车,尽快受益。③收费公路具有养护及时、管理严格、服务周到、安全设施较齐备、监控通信设备较完善,以及完善的交通救援应急措施等特点,所以美国收费公路运营服务设施和服务水平,都明显高于一般的免费公路,而且收费公路不但可以减少交通阻塞,还能保证较高的车辆行驶安全性和较低的交通事故发生率,美国收费公路的亿公里人身伤亡事故率仅为不收费公路的6.5%。④美国交通拥堵问题突出,不仅城市,就是郊区拥堵问题也很突出,纽约、休斯顿、洛杉矶交通问题非常严重,因此在部分城市的快速公路也采取收费的模式,如休斯顿,根据不同时段设定不同收费标准的收费方式,调节高峰期出行的车辆数量,保证车辆在该公路上的行驶速度。

(2)美国高速公路私有化案例

案例一:**SKYWAY**

SKYWAY 建设于1958 年,全长 7.8 公里,是芝加哥东北到印第安那州的一条高速公路,建设的时候没有联邦政府资助,建设成本约 1.01 亿美元(政府债券),直到 1976 年,通行费收入都不能满足债券利息。1972 年债券持有人诉讼政府,要求强制提高通行费标准以偿还债券利息,法院最后判定增长收费标准。到 1989 年,通行费收入可以支付债券利息,当时,交通管理部门曾想用 1 美元将这条路卖给伊犁诺里斯收费公路公司,但遭到拒绝。90 年代后,美国旅行车和商用车有了大幅度增加,在 1990 年到 2000 年期间,年均增幅达到 9.1%,SKYWAY 的财务状况发生很大的变化,1994 年政府赎回公路债券,并在 2001 年重新建立新的债券,其中,1.4 亿美元债券用于大修,1.04 亿用于全区公路建设计划。

芝加哥 SKYWAY 是第一条收费公路转让的案例,2004 年通过公开招标的模式进行经营权转让,共有三家单位投标,其中,有两家是美国本土投资公司,两家公司分别出价 5.05 亿美元和 7 亿美元,第三家是麦格理银行和西班牙 Abertis 组成的共同体,出价 18.2 亿美元,当时这条高速公路的债务大约 4.3 亿美元,政府预计该高速公路最多可以获得9亿美元的转让价款，但麦格理的出价是政府期望的两倍，这个出价相当于芝加哥年度财政预算的36%，最终麦格理集团获得该项目的经营权，经营期99年。特许经营合同约定：①由于当届政府任期在2008年为止，因此提出在2008年前通行费收费标准保持不变，但从2008年至2017年每年收费标准最高可提高9.7%，在2018~2104年期间，通行费标准每年可以增加2%，再加上当年的通货膨胀率及当年的GDP增长率。②合同规定政府不能修建20公里内的平行竞争性公路，如果因交通需求的增加必须修建，则必须征得麦格理集团的同意。麦格理的投标价格如此之高也是基于合同中的第二项内容。目前，芝加哥东北出城方向，到印第安那的城市交通非常拥堵，当地政府迫于选民的压力，急需扩展快速干线道路，与麦格理集团谈判，但补偿价值一直没有取得一致。

案例二：**Indiana Road**

Indiana Road，即印第安纳公路，该条道路是美国中部到东部沿海的重要通道，全长157公里，东接俄亥俄州Shocknessy收费公路，西接SKYWAY。印第安纳公路在1951年开始建设，政府发行债券2.81亿美元，1956年开通运营。1974到2004交通量年增5%，通行费收入从1984年的3800万美元/每年增加到2004年的8500万美元/每年，每年增长率在4.1%，高速公路主要是小客车为主，其60%的收入来源于商业车辆。

印第安纳公路私有化、民营化也是出于财政目的，按预算，10年内印第安那州公路维修需要54亿美元，而资金缺口为28亿美元。此外，政府管理高速公路效率非常低，2005年收费公路的净利润为1170万美元，总资产回报率ROA只是0.304%，但政府在此期间偿付的债券利息为6%，是公路效率的20倍。因此，政府出于缓解财政压力和提高效率目标，提出私有化，当时政府按照6%的折现率测算，计算得出1999年后的收费权净现值为19.2亿美元。虽然该高速公路有一条竞争性的州际公路，但州际公路里程增加20%，通行速度降低60%，尽管如此，麦格理集团与Abertis还是开出了38亿美元的投标价，是地方政府测算的两倍，因此轻易的拿到公路的经营权。合同约定：①经营期限为75年，从2006年，直到2081年。②投资者要保证44亿美元的高速公路维修费用，其中未来三年修理投入在2.3亿美元。③收费标准在2010年后可以按2%至5%的速度增加，州政府通过财政资助通行者的模式降低通行费用，政府资助持续到2016年，政府为此需要支付1.9亿美元的资助款。④限制政府修建与印第安纳公路竞争的公路，如果客观需要建设平行公路，州政府必须对Abertis进行补偿。

这两个项目的民营化运作，使得美国许多州政府开始认识到高速公路民营化、私有化是解决高速公路资金问题的唯一出路，多个州政府逐步放开了对高速公路民营化的限制。

4. 专项基金制与收费制的日本

(1)日本高速公路发展概况

"二战"以后，日本政府集中力量发展煤、电、钢铁等基础工业，但当时的公路基础设施相当薄弱，成为制约工业化发展的瓶颈问题。为了加快公路建设进度，日本政府于1953年制定了公路发展五年规划，明确建设省(后更名为国土交通省)作为公路行政管理机构，负责全国公路网络的规划与实施。1954年，第一个公路发展五年规划正式启动，日本公路网络建设正式起步，日本的高速公路也开始大规模建设。1963年，日本第一条高速公路名(古屋)神(户)高速正式开通。

截至2006年3月,高速公路通车总里程已达8150公里,和规划总里程相比,还有30%左右的高速公路尚未修建完成,参见表4.1。

日本高速公路规划里程与现有里程　　表4.1

		规划总里程	已完成规划的里程	现有里程(2006.3.31)	完成比例
国家干线高等级公路		14000km	11119km	8851km	63%
	国家高速公路	11520km	9342km	7986km	69%
	本州四国高速公路	180km	177km	164km	91%
	国家普通公路	2300km	1600km	701km	30%

日本高速公路的建设资金划分为中央资金、地方资金和财投资金三部分。中央资金和地方资金基本上由特定财源和一般财源组成。其中,特定财源为公路税目中的全部汽油税及50%的石油气税组成。一般财源为国家的一般税收收入中用于公路建设的资金。财投资金全名为财政投资贷款,其来源由四部分组成:资金运用部资金、简易保险资金、产业投资特别基金、政府担保债券及借款。财投资金是有偿使用的资金,它是以国家信用为基础的债务融资,需还本付息(参见图4.1)。日本的高速公路融资建设特征如下:

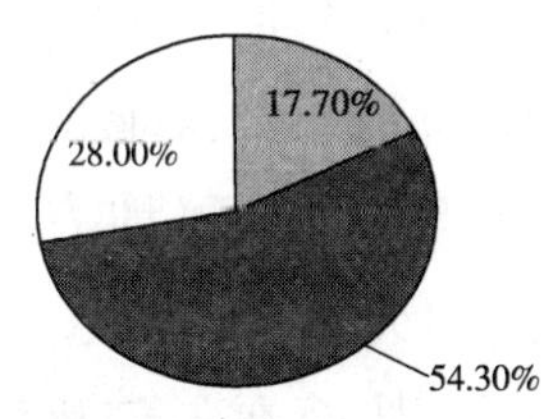

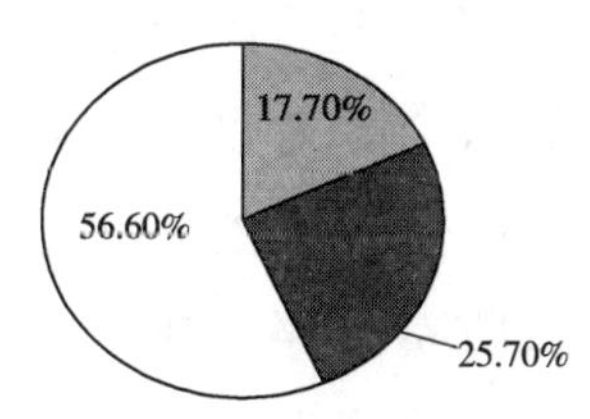

图4.1　日本公路投资基本情况

首先,建立专项税收用于公路建设。1953年,日本政府颁布法案,决定对汽车使用者征税,作为公路建设与维护的专项资金。

1954 年，随着第一个公路发展五年规划的实施，开征汽油税。1956 年，开征柴油交易税。1966 年，开征液化石油气税。1968 年开征车辆购置税，1971 年开征汽车重量税。所有这些关于汽车的税种，涉及购买、保有和使用环节，都被转移到一个专项账户，作为公路建设和维护的专项税收，税率可以根据公路工程的造价做适当调整。目前，这部分专项税收每年已高达 5.7 万亿日元。

其次，引入收费公路政策支持高速公路发展。在日本，仅依靠专项税收不能完全满足公路建设发展的需要，特别是在公路建设的快速发展期，为此，日本政府早在 1952 年公路发展的起步阶段就引进了公路收费制度，作为筹集高速公路建设资金的一种补充方式。在收费公路建设过程中，日本实行了比较特殊的财政投融资制度，政府利用邮政储蓄和养老金等国家储备资金，作为对收费公路的财政投资贷款，以其所收道路通行费进行偿还。除财政投资贷款外，还通过发行政府担保债券以及引入部分商业贷款的方式筹集资金。

最后，组建特许法人的道路公团经营管理高速公路。为提高高速公路建设进度，政府相继成立日本道路公团（1956）、首都高速道路公团（1959）、阪神高速道路公团（1962）以及本州四国联络桥公团（1970）四家特殊法人，负责国家和城市高速公路网建设，所建高速公路全部为收费公路。道路公团的成立，极大地促进了日本国家高速公路网的发展。1970 年，日本政府颁布《地方道路公团法案》，收费公路由中央扩展到地方，法案允许各地设立道路公团负责建设并管理本区域的地方收费公路，从而在一定程度上促进了地方高等级干线公路建设。目前，日本收费公路总里程已超过 10000 公里，包括国家高速公路、城市高速公路、地方干线公路以及桥梁隧道等。

在高速公路建设初期，由于缺乏大规模稳定的资金来源，日本采取专项税和通行费制度。日本政府认为,尽管公路是一种公共产品,但使用者受益程度不尽相同,为公平起见,使用公路频率较高的使用者得到了更多益处,且对公路产生一定破坏,理应承担更高的费用,支付费用有两种方式:一种方式是向汽车使用者征税,另一种方式是向公路使用者收取通行费,两种方式兼而有之,互为补充。但是随着日本公路网络的逐渐完善,日本国内有人认为,应该逐步削减对公路的投资。近年来,日本经济自20世纪90年代以来一直处于低迷期,伴随着国家整体财政状况的恶化,日本财政大臣也试图取消公路建设维护税收的专项资金属性,将公路建设维护专项资金纳入一般财政预算。此举遭到部分地方政府及汽车协会的强烈反对,反对者认为:首先,这一转变违背了受益原则。其次,公路建设任务尚未完成,有必要通过专项税收继续推进公路建设,完善公路网络。最后,如果公路建设任务完成,与汽车相关的税收应该降低或逐步取消,而不是转换为一般预算。关于是否将公路建设专项税收转换为一般财政预算,目前仍处于争论之中。

(2)日本高速公路民营化改革

第一,道路公团改革背景

20世纪50到60年代是日本特殊法人大量诞生的时期。随着日本经济进入高速增长时期,需要由政府主导的公共事业范围迅速扩大,而且集中在基础设施建设、政策性金融和研究开发等领域。由于这些事务没有必要都放在政府机构内部来承担,同时也为了避免政府机构本身的过度扩张,政府决定设立特殊法人,以企业的形式来承担公共事业的运营主体。在日本战后的经济发展历程中,特殊法人在基础设施的建设和运营等公益性事业领域发挥了重大的作用。

进入20世纪80年代之后,日本开始出现要求对特殊法人进行改革的呼声。当时的改革呼声主要是从缩小政府规模、调整政府与企业边界的角度提出的。在此影响下，日本先后实施了国有铁道、电信电话公社、烟草专卖公社的民营化，以及大量特殊法人的合并重组。到 90 年初，日本泡沫经济破灭之后，日本的财政状况迅速恶化，同时，官僚组织的僵化、行政效率低下和贪污腐败等现象也受到广泛的诟病，在这种背景下，日本社会各界普遍要求对行政和财政体制进行改革，而特殊法人改革是其重点，除此之外，还有一些因素促使特殊法人进行改革：首先，一些特殊法人从其设立的目的来看，存在的意义已经丧失，或者已变得无足轻重。其次，特殊法人是财政投融资的主要使用者，到 1999 年为止，共有 250 万亿日元的财政资金投向了特殊法人，如果特殊法人的改革不能取得有效进展，将会有相当数量的资金不能回收，最终成为需要由国家财政填补的坏账。最后，特殊法人还存在监管问题，国家对特许法人的监管形同虚设：①经营责任的不明确。由于特殊法人都有一个主管省厅，在机构性质上颇类似于我国的部委直属事业单位，其经营计划受到主管省厅较大程度的干预。而且特殊法人从事的都是公共工程及其他公共事业，决策往往受到来自利益集团的政治压力，结果使得特殊法人的经营责任模糊不清。②事业运营的低效与不透明。由于缺乏有效的监督机制和财务公开制度，特殊法人的事业运营与民间企业相比一般存在较多的浪费，提供的服务有质次价高之嫌。③机构与业务的自我增殖性。由于缺乏有效的监督和约束，特殊法人的周围大都形成一个由二级法人及关联企业组成的寄生群体，而且这个群体有不断扩大的趋势。④经营缺乏自律机制。特殊法人一般都有多个下属子公司，通过内部的业务委托或转包等形式将利益留在内部分配，而不是用于偿还贷款。此外，特殊法人是其主管省厅官员退休之后再就业的主要去向，这使得特殊法人与主管省厅之间结成了特殊的利益共同体，政府对特殊法人的监管变得有名无实。

第二,道路公团改革目的

道路公团成立初期,在加快高速公路建设进度,提高高速公路运营效率方面发挥了重要作用。近年来,日本经济萎靡不振,道路公团的财务状况随之逐渐恶化,其中一个重要表现是长期公路建设积累的债务负担居高不下,利用通行费收入难以按计划偿还高额债务,根据道路公团 2003 年 6 月发布的财务状况数据,仅道路公团的债务就达到 28.5 万亿日元,公团已经出现难以继续经营的境地。

由于道路公团在特殊法人中属于人员最多、费用最高、涉及的利益集团最多、而且公团所暴露出来的问题比较集中和突出,成为私有化的典型代表:首先,经营决策受利益集团左右,无法保证经济上的合理性。由于公团建设高速公路的资金主要来源于中央政府的财政投资和贷款,无需地方政府和当地居民负担,因此各地方政府和议员都把为本地争取高速公路项目作为取悦选民的资本。在这种政治压力下,高速公路建设规划一再扩大,许多新建路线因利用率低而无法实现收支平衡。而公团又通过交叉补贴方式,不考虑单独路段的造价和交通量的大小,而是在整个路网实行统一的收费标准,用收益较好路段的收入补贴收益较差的路段。其结果是,随着亏损路线的增多整个高速公路网的收费水准相应提高,使日本的高速公路通行费率居于全球最高水准(约合 23 美元/100 km)。根据公团 2004 年公布的高速公路收支状况,运营中的 43 条线路中,收不抵支的有 23 条。其次,子公司及关联企业垄断高速公路相关业务,形成特殊的内部分肥机制。虽然公团受到有关法规的限制,不能随意设立子公司,名义上的子公司只有 4 家,但是公团利用其二级法人协会出资控制着 70 余家子公司。这些子公司及关联企业被称为公团的“家族企业”,垄断了高速公路的几乎全部相关业务。这些子公司及关联企业的领导层绝大多数都由公团干部空降担任，子公司之间又相互持股，形成一个围绕公团的紧密利益共同体。有专家估计，如果把公团的外包业务在市场上公开招标，至少可以降低30%的成本。最后，经营效率低下及暗箱操作。由于上述的原因，公团在经营上无视经济上的合理性，不断借入财政投融资资金建设新的线路。同时，公团财务管理没有遵循企业的财务管理原则，导致缺乏成本意识，对子公司等关联企业的业务外包等也没有做到公开透明。“道路公团民营化委员会”在对公团的财务状况进行详细调查之后认为，公团已经到了按照企业正常经营的标准难以存续下去的地步。

道路公团民营化的焦点主要集中在三个方面：一是确保安全足额偿还高速公路债务，包括承继以前道路公团的债务以及未来新建公路的债务，经测算有息债务共计40万亿日元。二是减轻国民负担，赋予高速公路公司一定自主经营权，按照市场化原则有效地推进公路建设，避免无谓的浪费。三是利用私人部门的专业管理经验，为公路使用者提供多样化和富有弹性的价格和服务。

小泉内阁在2001年上台后坚持“无禁区的机构改革”，认为“没有机构改革就没有经济增长”，在2001年通过《特殊法人等整理合理化计划》，提出将四家道路公团民营化的总体设想，并在2001年6月21日公布了《特殊法人等改革基本法》，随后相继出台《高速公路公司法》、《高速公路保有及债务偿还机构法》、《日本道路公团民营化及有关道路法律整备法》、《日本道路公团民营化相关执行法》等，这些法律的出台为道路公团民营化改革奠定了法律基础。

第三，道路公团改革措施

2005年10月，四家道路公团按照地域拆分为六家高速公路管理公司，公团原有的资产和债务由日本高速公路保有及债务偿还机构（JEHDRA）继承。6家新高速公路公司最高负责人全部为民间人士。道路保有及债务偿还机构将承接原有4个道路公团总计40万亿日元的债务,并计划在45年内用道路租赁费来偿还。

在道路公团民营化改革的基本框架(见图4.2)中,涉及高速公路公司、JEHDRA及政府(国土交通省)三个主体,各自承担相应的职责和义务。

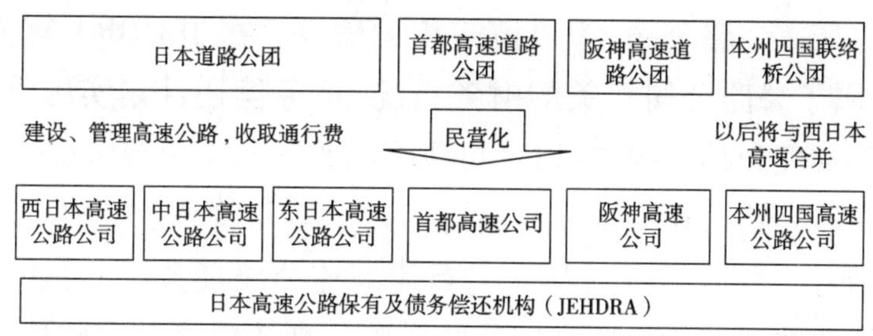

图4.2　日本道路公团民营化框架

国土交通省作为行业主管部门,规划高速公路建设,批准各公司建设任务,授权JEHDRA作为高速公路资产的法定拥有人,批准JEHDRA与各高速公路公司签订的特许协议。国土交通省是公路建设与运营管理的行业指导部门,不直接干预高速公路公司的日常运营管理及JEHDRA的债务偿还计划,而是通过授权或许可的方式,承担部分行使审批以及备案职能。JEHDRA与高速公路公司签订的协议,以及债务偿还计划,需经国土交通省批准方可生效,而高速公路公司每个财政年度的收入支出情况,需在国土交通省备案。

JEHDRA作为一家独立行政法人机构,主要职能有三:一是负责保有高速公路资产以及承接相关负债,并履行相关债务偿还义务。JEHDRA与高速公路公司签订协议,将高速公路"租赁"给高速公路公司经营,每年向高速公路公司收取租赁费用进行偿债,确保既有债务和未来新增的债务能在45年内偿还完毕。新建高速公路完工后,相关资产与负债也要一并移交JEHDRA。二是在债务尚未清偿之前,代表道路主管机构对高速公路行使法定拥有权。也就是说,道路公团民营化改革后,高速公路的产权仍然归属政府,只是由 JEHDRA 代行所有权职能。在45 年后债务完全偿还时,JEHDRA 将高速公路无偿移交给政府,并免费向公众开放。三是履行信息披露义务,提高公路债务偿还的透明度。JEHDRA 监督6 家高速公路公司,积极披露相关信息。在 JEHDRA 官方网站上,披露了公路公司相关的财务情况,债务偿还计划实施情况,高速公路管理和维护报告,以及每条路的收入和支出等情况。

高速公路公司负责现有高速公路的运营管理、维护保养,向道路使用者收取通行费以及承担新建高速公路任务,同时还负责通过市场化的方式为新建高速公路融资。高速公路公司收取的通行费,在扣除公路维护和运营管理的必要开支后,其余部分全部上交 JEHDRA,作为偿还债务的资金来源,见图4.3。

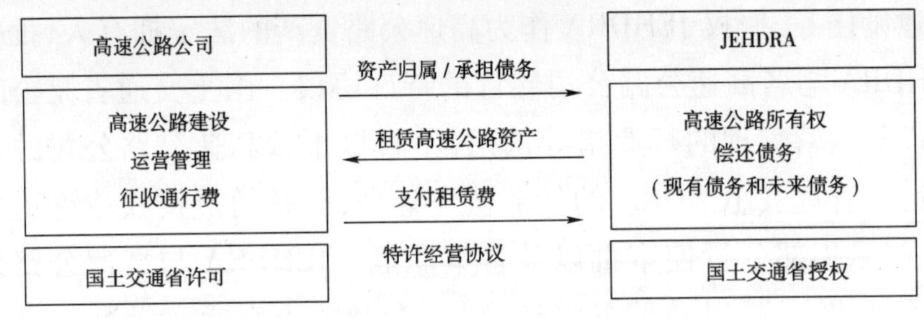

图4.3　高速公路公司、债务偿还机构以及政府之间的关系

高速公路公司与 JEHDRA 签订的协议,主要包括以下十方面内容:①租赁经营的高速公路线路名称。②新建、改建和维修工程计划。③关于前项的债务协定。④灾后恢复和重建的相关内容。⑤无息贷款及还款计划。⑥租赁经营资产的详细内容,包括支付的租金、租赁期限等。⑦收费年限以及预计的通行费收入。⑧确保高速公路公司对高速公路维持合适管理水平的相关事项。⑨JEHDRA 采取措施激励高速公路公司降低新建、改建、维护及运营

管理成本的相关事项。⑩协议的变更及相关事项等。

日本高速公路民营化改革的目标是为了解决高速公路债务偿还问题,提高高速公路服务水平与经营效率,但最终目的是在45年内偿还完高速公路债务,并解散JEHDRA,将高速公路移交给政府,高速公路实行免费通行。

5. 特许经营的法国、意大利等国

基于项目融资的特许制有明确的融资主体,不论是直接利用受让方的自有资金,还是发行公司债券、募集股票资金,各种融资成本都可以通过项目自身的收益予以偿还,提高了融资的灵活性和资金的利用率,是对传统投融资体制有益的补充。法国和意大利是实行特许制比较成熟的国家,也是高速公路私有化、民营化的典型代表。意大利和法国拥有的经营性收费高速公路分别占所在国高速公路总里程的86%和75%左右。除发达国家外,一些发展中国家也成功地采用特许经营方式筹集资金建设高速公路,如智利、马来西亚、泰国等。

(1)法国

法国共有9家特许公司负责高速公路的建设和营运。法国高速公路特许经营可以分为五个阶段:第一阶段(1951~1969年),法国政府于1951年设立了公路投资特别基金,以征收燃油税作为公路建设的专门筹资渠道。1955年颁布了旨在建立收费公路体制的《高速公路法》,根据该法,可将高速公路的特许经营权授予一些公私合营的公司,在特许经营公司建立之初,要求公共机构必须持有其多数股份,国家用有偿预付款、保证金和参与合作经营等方式对其借贷给予支持,最初特许经营的公司是国有企业。1955~1963年间,共向5家公司授予了高速公路特许经营权。第二阶段(1969~1982年),为了吸引更多的资金,特别是私人资本,加快高速公路建设，法国对1955年的《高速公路法》进行了修订，扩大了私人资本和非国家担保债券资金在高速公路投资中的比例。在这种条件下，又组成了4家私人资本的高速公路公司。第三阶段(1982～1994年)，经济危机期间，法国政府通过国家支持的模式帮助特许经营的公司渡过难关，收购发生亏损的私营特许公司的股权，将其转变为半国有公司，利用国家担保解除其财务危机。第四个阶段(1994～2005)，根据地域相近的原则，将6家高速公路公司重组成3家集团公司，以保证各地区的资金有效性和自主权，更好地加强地区公路网的协调，加强交通的管理。第五阶段(2005年以后)，伴随着法国政府推进国有企业私有化改革浪潮，2005年，法国政府以148亿欧元的价格将本国三大高速公路公司中的国有股份转让给法国或外国私营公司，法国各高速公路网已彻底实现民营化。

法国高速公路特许经营的特征：①全国统一收费标准。②高速公路的特许经营权是通过公开招标，如果达不到预期的经营效益(国家预测的车流量)，国家将延长经营期。③收费标准由国家与特许公司谈判后，国家批准决定，合同5年修订一次。④国家以贷款形式参与特许公司经营，国家与特许公司风险共担，法律和政治上的风险由国家承担，经济和财政上的风险由特许公司承担，技术上的风险和经营风险由特许公司承担，国家承担部分经营风险。⑤经营期限一般不能低于30年，特许经营公司经营期满后，必须将公路完好交还国家。

(2)意大利

意大利从20世纪50年代开始创建特许公司，到2002年已建成8860公里高速公路，其中收费高速公路里程为6400公里，约占高速公路总里程的72%，目前共有25个特许公司，这些特许经营公司都属于股份公司，其中大部分为国家或地方公共团体、政府机构控股,也有的是私营企业控股。意大利最大的高速公路特许经营公司是 Autostrade,它成立于 1956 年,政府在该公司拥有股份,Autostrade 公司负责管理的高速公路总里程达 3133 公里,占全国收费高速公路的 49%,或全部高速公路的 35%。而其他特许公司的规模相对较小。

意大利收费高速公路特许经营方的特点:①除了经济较为困难的南部地区外,其他地区高速公路全部实行收费制度。②对获得特许经营权建造和经营的高速公路项目,自有资金投入的最高比例不超过建造成本的 40%,其余部分由公司向银行和私人借贷,国家对公司债务予以担保。③小型特许公司和大型特许公司并存,以大型公司为主,以便高速公路运营取得规模效益,使盈利的高速公路项目能够补偿发展中地区的高速公路,并使大规模运营管理和养护作业的设备能够得到比较经济的利用,从而取得管理效益。④国家对建设用地的征用给予优惠。⑤政府确定收费标准, 在确定高速公路使用者应支付的通行费价格时,不仅要考虑高速公路运营和养护支出费用,还要考虑分期偿还贷款本金和利息。所有这些做法都是基于这样的逻辑假设,高速公路的建设和运营费用必须由高速公路的使用者来承担,而不是由整个社会通过纳税方式来承担。

(3)西班牙

西班牙同样采取了收费筹资方式建设高速公路。1967 年西班牙政府提出了《西班牙国家高速公路计划》,并向第一批高速公路公司授予特许经营权。1972 年 10 月正式通过了以特许经营方式进行高速收费公路、养护和运营的法律。西班牙高速公路特许经营公司的资金主要来源于国家投入的公共资本、国际国内贷款和特许经营公司自有资金。1973 年的经济危机使西班牙政府对特许公司的管理发生了一些变化,成立了国家高速公路公司,该公司除接收私营特许公司外，还为政府直接参与收费高速收费公路提供了一个新机制，通过新机制，国家和私营企业可以用共同参股的形式建立公私混合型的特许公司，使收费高速公路有效地获得国家预算的资助。另外，西班牙的收费公路非常重视发行债券的融资方式，其整个收费高速公路网中，债券资金约占到41.2%。

(4)阿根廷

阿根廷是运用特许经营方式比较成功的发展中国家之一，该国在能源、电力和自来水等领域较早通过特许经营的方式引入私人投资者，并取得了很好的效果。20世纪90年代初，特许经营范围逐步扩大到了公路基础设施领域，阿根廷政府把国内三分之一的城际道路特许给私人投资者收费、运营管理。由于阿根廷与法国类似，只在特许经营的公路上收取通行费，因此该国特许经营公路的发展历史同时也就是收费公路的发展史。虽然阿根廷特许经营制度经历了几次变化，但目前阿根廷建有一套完善的特许经营体制，从而为该国收费公路政策的推行奠定了良好的法律基础。阿根廷高速公路特许经营的主要特征，是在选择投资主体过程中，阿根廷政府开始采用最低收费标准的评标方法，大大加强了评标过程的透明度。此外，私人投资者已广泛参与到收费公路新建、改建和养护的各个环节，私人参与程度较高。

(5)澳大利亚

虽然澳大利亚人均GDP较高，财政实力较为雄厚，但相对高速公路建设所需资金，国家公路建设专项资金也相对短缺，澳大利亚政府主张将特许经营公路作为今后高速公路发展的方向。目前澳大利亚的收费公路都属于高速公路(隧道)，并且主要集中在交通量较大的悉尼、墨尔本、布里斯班等大城市的周边地区，城市间、地区间交通量较少的高速公路基本上不收费。

澳大利亚对收费公路广泛推行特许经营制度，澳大利亚将公路特许经营的内容概括为建设、拥有、经营、移交(BOOT),其特点是:①州政府负责公路特许经营协议的签署与管理。②BOOT 项目所占用的土地属于国家所有,州政府将土地租赁给经营公司使用,公司按照特许经营合同的约定缴纳租金。③政府通过特许经营协议的约定对收费公路经营进行宏观调控,若公司经营收费公路收取的通行费收入超过了预期的收入,需缴纳部分通行费收入给政府,若公司对收费公路的投资回报率达到规定的限额后,需提前终止特许经营,将公路无偿移交给政府。④以公路用户使用收费公路节约的运行时间作为确定收费标准的主要因素。澳大利亚制定收费以每节约 15 分钟收费 3 澳元为标准,收费标准调整主要考虑的是物价变动因素。在特许经营协议中一般规定了收费标准调整的依据和要求,在出现物价较大变动以及其他因素变动的情况下,政府允许公路经营企业每半年调整一次收费标准,但调整收费标准须经政府批准后实施。

此外,智利、墨西哥等国高速公路也采取特许经营的模式,吸引社会资本投资高速公路。

6. 国外高速公路产业可持续发展特征分析

图 4.4 显示,国外高速公路建设初期,基本上是以由政府主导的模式进行,由国家财政进行投资建设,但在建设高峰期,由于国家财政投资能力有限,所以通过特许经营的方式吸引社会资本进入高速公路市场,通过市场化运营加快了高速公路发展的速度。当高速公路企业因经济危机而经营困难时,这些国家又对高速公路企业进行国有化收购与重组,帮助高速公路企业渡过难关。到 20 世纪 90 年代,当高速公路处于平稳运营期时,又通过私有化、民营化的模式再次引进民间资本,实现国有资本的退出,高速公路逐步过渡为市场主导型。

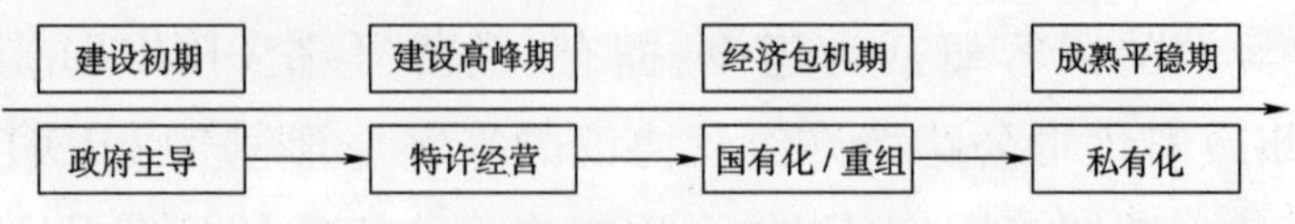

图 4.4　国外高速公路发展过程

(1)财政资金是高速公路建设初期主要资金来源

多数国家高速公路建设资金来自于财政资金,不论是一般税收还是燃油税等专项税收,高速公路建设资金主要来源是国家财政,少量的辅以债务融资和社会投资。多数国家都根据受益原则建立了以燃油税为基础的高速公路建设专项基金,承担高速公路建设和养护。此外,也有些国家为了支持高速公路企业,用财政补贴的方式作为专项基金。

(2)高速公路市场化主要原因是资金短缺和提高效率

各国高速公路市场化的主要原因在于公路建设、养护资金的短缺,而高速公路排他性成本的降低,使得通过通行费的模式可以方便筹集到公路建设资金。此外,政府对高速公路投资、运营的低效率也成为市场化的另一个重要原因。在高速公路建设初期,即使是全部由政府投资、政府管理的高速公路项目,为了提高效率,也在部分环节进行市场化运作,公路设计、建设、养护进行外包,由专业机构提供服务。随着高速公路市场化由政府主导向市场主导转变,为了提高效率,高速公路投资、运营等环节也由市场提供,高速公路产品逐步成为竞争性产品。

从图 4.5 看出,在基础设施建设初期,国家财政资金所占比例较大,但随着基础设施市场化运作的推广,近年来各国财政在基础设施的投资比重不断减少。

(3)特许经营是高速公路市场化的普遍模式

各国在高速公路市场化运作过程中,普遍采取特许经营制度,签订特许经营协议。特许经营制度有利于明确政府主管部门和公路经营企业在公路收费经营管理中各自的权利、责任和义务，协调企业追求经济效益和政府追求社会效益之间的关系。通过特许经营的模式，如PPP，收费公路经营受到政府的监管，但政府保障公路公司的合理回报，企业也不能获取超额报酬，当公路公司经营困难之时，政府有责任帮助这些公司渡过难关。通过PPP特许经营模式，既能体现国家意志，体现公路的公益性，又能发挥投资主体的积极性，实现经济效益的目的，是一种普遍使用的高速公路市场化模式。

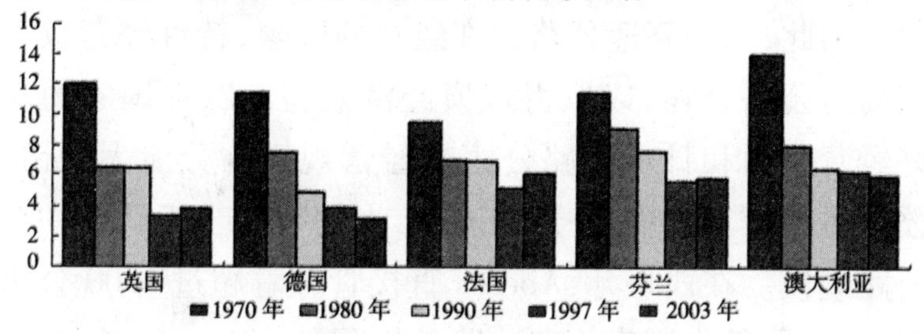

图4.5　国外基础设施投资政府支出的比例

(4)高速公路私有化、民营化已经成为一种趋势

从1970年代开始，欧美其他发达国家开始高速公路民营化，私营部门开始进入基础设施投资领域，包括收费公路、机场、通信、公用事业、铁路和海港等。近年来，许多国家开始基础设施私有化改革，如法国，通过国退民进的模式，由社会资本大举进入基础设施领域。私有化或民营化在加快基础设施建设的基础上，降低政府在基础设施方面的投入，使有限的财政收入提供更多的社会服务，同时也提高了基础设施的运营管理和服务效率。

近年来，随着高速公路养护、维护支出的增加，以及高新技术不断应用到高速公路领域，原来通过税收支付公路建设、并免费通行的国家，也开始通过民营化、市场化的模式运营管理高速公路，如奥地利、瑞士、德国等国，开始收取道路通行费。目前，世界上有60多个国家以收费公路的形式建设和发展高速公路。以项目融资制为基础的高速公路民营化、私有化成为国际上高速公路发展的一种普遍趋势，多数国家开始高速公路项目融资，通过征收通行费的模式吸收社会资本投资公路建设，并达到调节交通量分布、优化出行方式的目的。

(5)高速公路需要规模化经营，提高效率

高速公路是具有明显规模经济效益的产业，只有高速公路企业管理的公路资产达到一定规模，才可以实现不同效益公路的交叉补贴，才能用经济性好的项目弥补经济性差的项目，降低企业经营风险。因此，一些高速公路特许经营的国家，特许经营权一般授予大型高速公路公司，以取得规模经济效益。欧洲国家的高速公路特许经营公司和日本道路公团的经营规模十分庞大，所管理的高速公路可达数千公里，并形成网络，大约可相当于我国一个省的高速公路规模。在西班牙，Abertis 直接管理着超过 1500 公里的收费公路，占据了整个国家收费公路总里程的 58%。在意大利，将 6 家特许经营公司进行资产重组成为 3 家，而 Autostrade 公司负责管理的高速公路占全国收费高速公路的 49%。

(6)收费标准根据环境变化进行适当的调整

在高速公路收费的国家，一般采用全国统一的收费标准，对投资成本高的路段适当提高收费率。这样做的目的是创造一种更加公平、开放的竞争环境，有利于不同公司和不同地区之间取得平衡。收费期限根据项目具体情况确定，一般收费标准统一后，不同项目的建设成本、收益能力完全需要通过收费期限来确定，所以世界不同国家高速公路收费期限相差很大，即使是同一个国家，差异也比较大，美国最长收费期限为 125 年，也有经营期限为 30 年的收费公路项目。

二、典型高速公路企业发展案例分析

1. Abertis

Abertis 是世界上最大的高速公路投资运营商，公司总部位于西班牙的巴塞罗那，在四大洲17个国家的60家企业拥有股权。目前公司资产规模达到220亿欧元，收费高速公路是其核心业务，占营业收入的76%。在法国、西班牙、智利、阿根廷和波多黎各直接管理3527公里的收费高速公路，投资参股的高速公路总里程达到5795公里。

如图4.6和表4.2所示，Abertis资产在四年内增加了160%，净资产只增加58%，而负债增加223%，说明Abertis近几年主要通过债务融资的模式迅速扩大资产规模。Abertis在四年内营业收入增加了93%，而利润只增加21%，说明新收购的项目盈利能力下降。尽管如此，Abertis在近几年内企业保持了较快的增长速度。

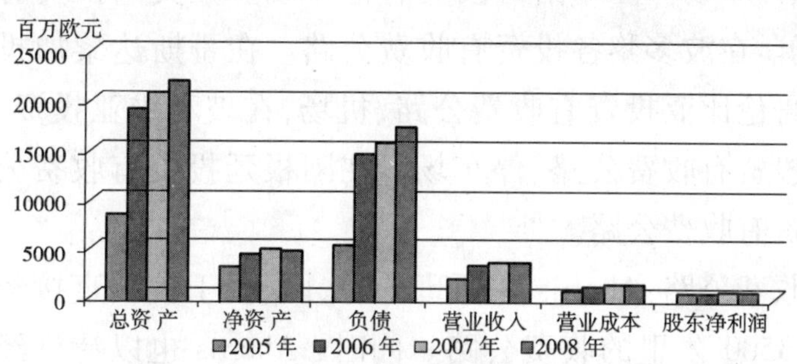

图4.6 Abertis财务状况变化图(单位:百万欧元)

Abertis公司财务状况变化表(单位:百万欧元) 表4.2

	2005年	2006年	2007年	2008年
总资产	8447	19217	20828	22221
净资产	3036	4447	5020	4779
负债	5411	14770	15808	17442
营业收入	1906	3335	3620	3679
营业成本	702	1236	1351	1424
股东净利润	511	530	682	618

(1)战略目标

Abertis公司的目标是成为世界最大的全球性基础设施投资公司，公司的使命、任务及社会价值是“让世界变得更近”，在交通基础设施领域成为全球领先者。从 2006 年开始,Abertis 已经在资产规模、市值上成为世界最大的高速公路上市企业。

(2)业务范围

Abertis 公司投资的资产包括收费公路、机场、通信设施、停车场、物流园区及物业等,从区域上,在欧洲、北美洲、南美洲、非洲都有产业,但没有进入亚洲市场。Abertis 在西班牙投资有收费公路、通信设施、停车场、物流园区。在葡萄牙投资有收费公路、停车场、物流园区。在安道尔投资停车场。在英国投资有收费公路、机场。在法国投资有收费公路。在瑞士投资有机场。在意大利投资有收费公路、停车场。在摩洛哥投资有停车场。在美国投资有收费公路、机场。在波多黎各投资有收费公路。在哥斯达黎加投资有机场。在哥伦比亚投资有收费公路、机场,在玻利维亚投资有机场。在智利投资有收费公路、停车场。在阿根廷投资有收费公路。在南非投资有收费公路。

①收费公路:Abertis 在西班牙、法国、拉丁美洲直接经营管理着超过 3500 公里的收费公路。同时, Abertis 也以特许经营的方式,在意大利、葡萄牙、英国、阿根廷、智利和哥伦比亚管理超过 5500 公里的收费公路。②电信基础设施:Abertis 是西班牙一流的电视和无线电信号传送和发射的运营商,拥有 3217 个网点。③机场:Abertis 在欧洲、美国、拉丁美洲经营着 8 个机场和 4 个服务区。④停车场:Abertis 旗下的 Saba 公司是欧洲最大的停车场运营商之一。其业务覆盖 6 个国家的 61 个城市,合计经营 83000 个停车场。⑤物流园区:目前 Abertis 物流在西班牙的主要城市,如巴塞罗那、塞维利亚、阿纳瓦管理着超过 800000 平方米的仓库和 180000 平方米的写字楼。

(3)发展模式

第一,公司上市,资本市场募集资金。

公司在1969年在西班牙上市,通过资本市场募集资金投资高速公路,由于不断进行资本运作,不断收购新的项目,企业股票价格从2002年的8欧元增长到2006年的24欧元。

图4.7显示,经过四年的发展,Abertis公司在2007年市值达到140亿欧元,达到顶峰。公司市值从2003年公司成立之初的33亿欧元发展到2007年的140亿欧元,四年内公司市值增加了325%。但在金融危机影响下,2008年市值大幅下滑,而且在2008年5月,由于计划收购宾夕法尼亚高速公路项目而导致股价大幅下降。股票价格已经跌回12.6欧元左右。2008年公司股票市值达到84.46亿欧元,比2007年降了40%,尽管如此,仍然是市值最大的国际高速公路上市公司。

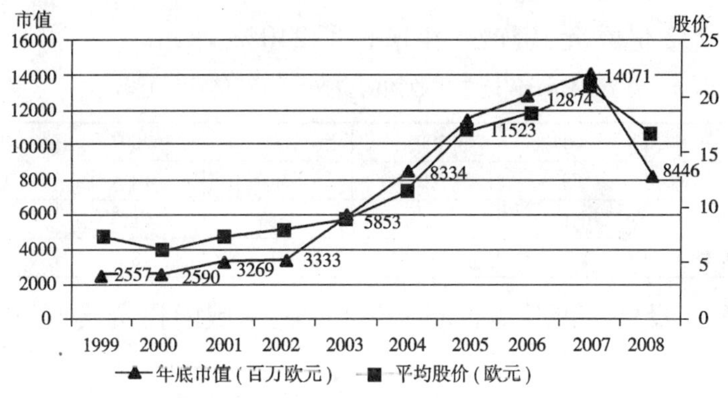

图4.7　Abertis市值及股价变化图

第二,不断收购现有基础设施公司,发展壮大主业。

Abertis公司的前身是Acesa, Acesa于1967年进入高速公路市场,1969年,Acesa经营了西班牙第一条收费公路。1994年,Acesa壮大了公司规模,开始投资通信领域,并于1994年进入停车场领域,1997年开始投资物流产业。2000年,开始在欧洲范围内拓展新的业务,并开始向拉丁美洲拓展。2003年,在Acesa的基础上成立Abertis公司,并制定了规模化扩展战略,计划成为跨行业、跨地区的基础设施运营商。Abertis 在 2004 年进入机场行业,2006 年收购法国高速公路企业 Aanef,成为欧洲一流的基础设施投资运营商,并于当年成为市值最大的高速公路上市公司。2006 年,Abertis 曾提出收购意大利高速公路公司 Autorad,但最终没有成功。2008 年 Abertis 计划与其他企业合资,共同投资 128 亿美元,收购宾夕法尼亚州收费高速公路,最终因为投资者的反对而放弃。但 Abertis 公司的国家化收购计划一直保持不变,始终在国际范围内寻找潜在的收购项目。

如表 4.3 所示,从 1969 年以来,Abertis 公司不断收购新的基础设施公司。从 2004 年开始,基本上一年收购一个项目公司,企业的规模得到不断的发展,资产也从 2002 年的 65 亿欧元增长到 2008 年 222 亿欧元,资产 6 年增长了 240%。

Abertis 近年来收购的资产(单位:亿欧元)　　表 4.3

	2004	2005	2006	2007	2008
投资公司名称	E9	TBI	Sanef	DCA	Itinere
行业	电信	机场	公路	电信	公路
投资额(亿欧元)	4.25	10	51	18.7	6.21

第三,投资多元化,在交通基础设施领域内投资具有互补性的资产。

图 4.8 及表 4.4 显示,Abertis 在交通基础设施领域不仅投资收费公路,而且还投资其他交通基础设施,充分发挥交通基础设施之间的规模经济效益和范围经济效益,其中公路产业是其主业,四年内公路产业的营业收入翻了一番,高速公路收入占全部营业收从 2005 年的 63.46% 提升到 2008 年的 74.88%。

Abertis 资产营业收入(单位:百万欧元)　　表 4.4

营业收入	2005 年	2006 年	2007 年	2008 年	平均	比例
高速公路	1209	2537	2751	2755	2313	73.78%
通信	281	369	396	431	369	11.78%

续上表

营业收入	2005年	2006年	2007年	2008年	平均	比例
机场	282	282	300	301	291	9.29%
停车场	111	118	131	135	124	3.95%
物流	17	19	21	44	25	0.81%
其他	5	10	22	13	13	0.40%
合计	1905	3335	3621	3679	3135	

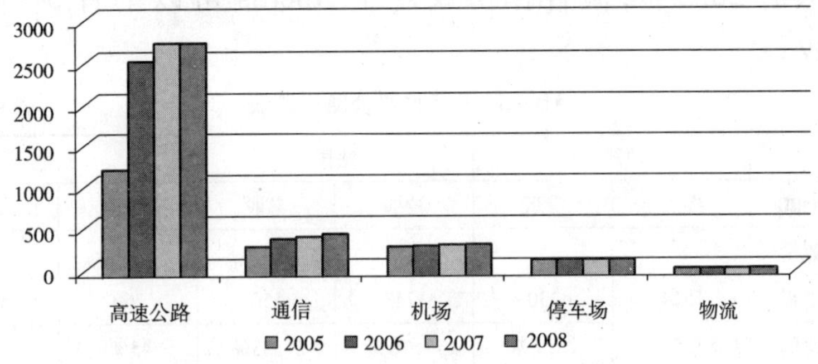

图4.8　Abertis资产构成示意图(单位:百万欧元)

第四,充分放大财务杠杆效益,提高企业经营回报。

表4.5显示,Abertis的扩展主要通过债务的模式融资,最近四年,企业负债总额增加223%,资产负债率平均达到73%,2008年达到历史最高值78%。由于财务杠杆的作用,即使是2008年的总资产报酬率(ROA)仅为2.78%,但由于财务杠杆效用,净资产收益率(ROE)仍可达到12.93%,在基础设施总资产收益率低的情况下,企业通过财务杠杆的作用来保持较高的股东收益。

Abertis投资收益对比表　　表4.5

	2005年	2006年	2007年	2008年	平均
资产负债率	64.06%	76.86%	75.90%	78.49%	73.83%
ROA	6.05%	2.76%	3.27%	2.78%	3.72%
ROE	16.83%	11.92%	13.59%	12.93%	13.82%

第五,对西班牙、法国的高速公路企业以控股为主,其余国家

以参股为主。

表 4.6 显示，Abertis 在西班牙和法国的公路项目以控股为主，多数公司是 100% 控股，参股的公司较少。但在其他国家则主要是参股，投资公司里程最长的意大利亚特兰大集团，也只有 6.7% 的股权，该公司经营的高速公路达到 3413 公里。为了确保公司的利益，在参股的公司中一般要求增加投票权，如，有个高速公路持股比例只有 28.9%，但合作协议规定 Abertis 可以享有 54.6% 的投票权。

Abertis 投资收费公路一览表 表 4.6

	西班牙		法国		其他	
持股型式	控股	参股	控股	参股	控股	参股
公司数量	8	5	2	2	1	6
公路里程	1524	230	1743	150	260	5299
持股比例	87.5%	28.7%	77.76%	27.33%	45%	

第六，投资领域由 OECD 国家逐步向外全球化迈进。

Abertis 公司从 2003 年开始就制定了全球化发展战略，2006 年以 30.64 亿欧元收购法国 sanef 公司 57.5% 的股份后，成为世界上最大的国际化高速公路投资运营商，投资领域由 OECD 国家逐步向外全球化迈进。Abertis，2006 年营业收入中 52% 来自于西班牙本土，其余的 48% 均来自于西班牙以外的其他国家，Abertis 集团已经成为面向全球投资的基础设施运营商。2008 年，Abertis 收购花旗在智利的高速公路资产。Abertis 曾经在 2008 年表示，他们正在对中国交通基础设施市场进行仔细的研究，并且将在不久的将来正式进军中国，计划首期在中国投资 1 亿欧元，主要投资建设大型的物流基地。

2. Macquarie

麦格理银行成立于 1969 年，并于 1996 年在澳大利亚证券交易所上市。截至 2009 年 3 月底，麦格理旗下管理的资产总额为

2430 亿澳元。目前有八大业务集团:投资银行集团、股票市场集团、财资及商品集团、银行及证券化集团、房地产集团、基金管理集团、金融服务集团。麦格理银行是一家多元化经营的企业,在其业务收入中,投资银行占 41%,资产和财富管理占 29%,借贷业务占 10%,金融市场业务占 20%,由于传统商业银行业务在其总业务中所占比重较小,因此有人将麦格理银行看成"一家让旧资产重新焕发魅力的私人股权公司",主要业务是全球唯一一家为自己及客户投资并管理公路、港口和机场的投资银行。

如图 4.9 所示,在五年内麦格理集团管理资产规模增加了 155%,到 2009 年达到 2430 亿元。

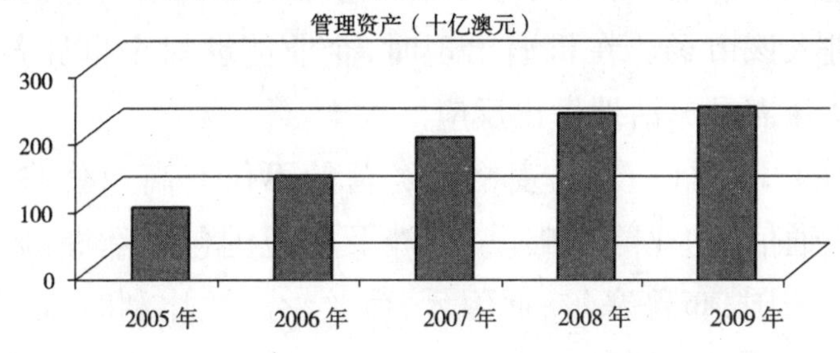

图 4.9　麦格理集团管理资产规模变化情况

如图 4.10 所示,受金融危机影响,在五年内麦格理集团净利润只增加了 7%,其主要原因是,金融危机导致全球资产价值下滑,2009 年,营业收入从 2008 年的 82.48 亿元下降到 2009 年的 55.26 亿澳元,净利润也由 2008 的 18.03 亿澳元,下滑到 8.71 亿澳元,降幅达到 52%。

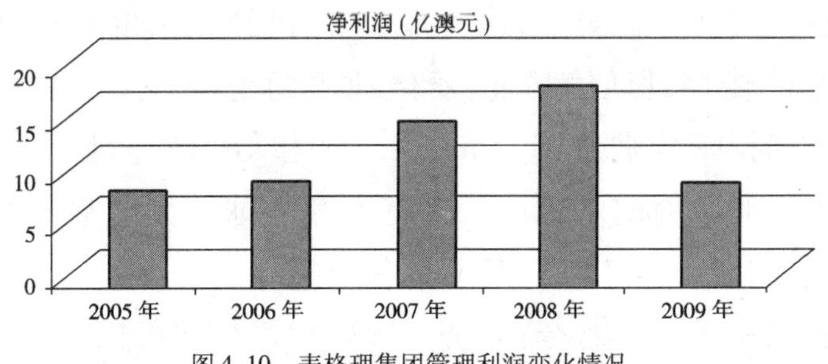

图 4.10　麦格理集团管理利润变化情况

麦格理管理的资产中,有43%属于基础设施类资产,投资组合包括分布在全球25个国家的131项资产,包括通信设施、水利、电力、煤气输送管道、收费公路、机场、公共基础设施等。这些资产主要由麦格理资本(Macquarie Capital,即原投资银行部)管理和运作,最近13年来,该业务的年复合回报率超过16%。

(1)发展战略

麦格理银行正在变成一个集投资银行与基础设施基金管理公司于一身的机构。它的长期目标是要成为全球化银行。麦格理价值观念是"理性所允许的边界内",麦格理的发展过程中,投资的领域是经过精心筛选,公司认为有能力增添实际价值机会的市场,就会设法进入该市场。在机遇出现时,企业能够对全世界各地每个市场的特殊需求灵活地做出反应。

从图4.11可以看出,麦格理经营的不仅有高速公路,还有机场、地产、通信、物业等基础设施,涉及的范围包括欧洲的英国、德国、丹麦、法国、布鲁塞尔、葡萄牙、荷兰、芬兰、比利时、瑞典,美洲的加拿大、美国,亚洲的韩国、中国、日本,大洋洲的澳大利亚和新西兰,非洲的南非和坦桑尼亚,麦格理已经成为全球化的基础设施投资运营商。

麦格理银行拥有超过25年的产业基金管理经验,目前在25个国家,通过28个基金管理公司,管理超过100项基础设施资产,所管理资金逾600亿美元,这些基金中,已经上市的专项基金超过20个,其中,麦格理通信基金、麦格理机场基金和澳大利亚基础设施基金的回报率分别是31.8%,24.7%和18.1%。目前已经成为全球最大的非政府的基础设施持有人和全球最大的基础设施基金管理公司(参见图4.11)。旗下基金包括:

麦格理机场投资基金:投资于国际机场资产,于澳大利亚证券交易所上市。

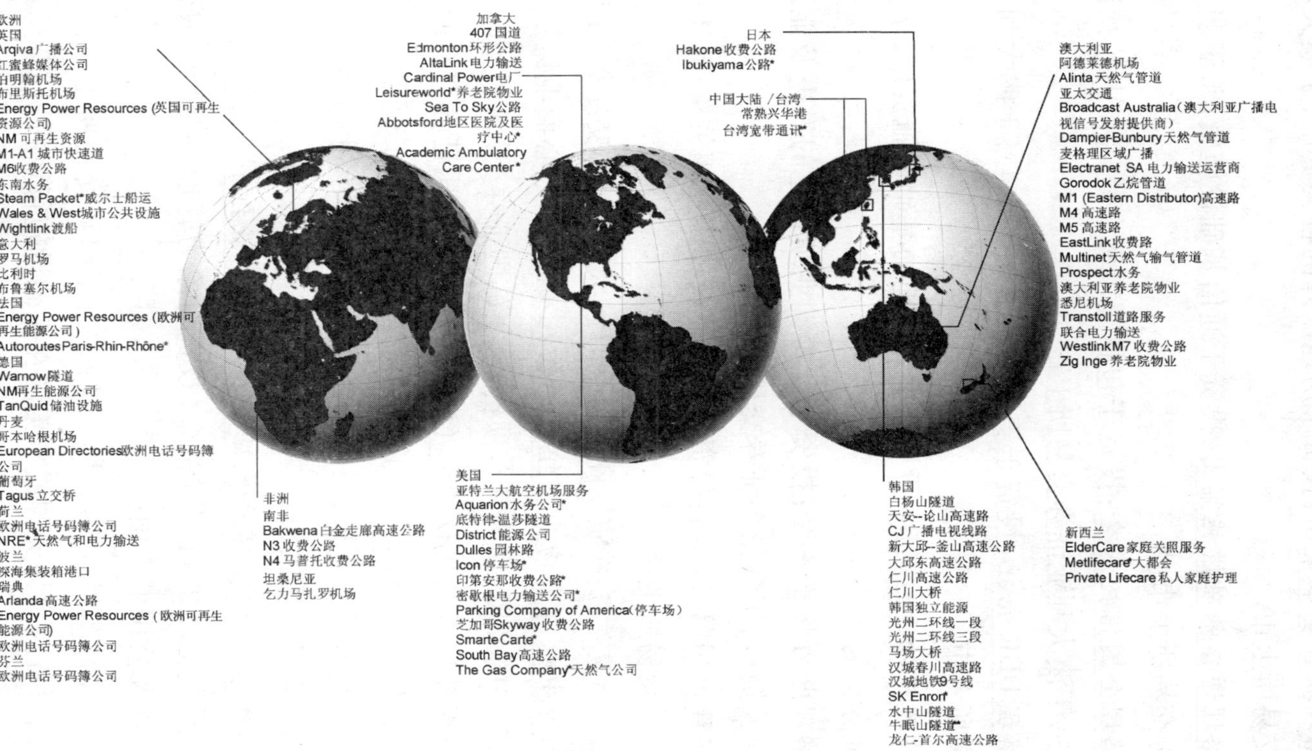

图 4.11　麦格理基金全球投资范围

麦格理联合资本集团:投资于房地产外的各类资产,于澳大利亚证券交易所上市。

麦格理通信基础设施集团:投资于通信基础设施资产,于澳大利亚证券交易所上市。

麦格理全国信托基金:投资于包括超市和杂货店在内的社区购物中心,于澳大利亚证券交易所上市。

麦格理 DDR 信托:投资于美国的社区购物中心,于澳大利亚证券交易所上市。

麦格理基础设施集团:投资于世界各地的基础设施资产,于澳大利亚证券交易所上市。

麦格理电力收益基金:投资于北美洲业绩优越的发电及能源相关企业及资产,于多伦多证券交易所上市。

麦格理消闲信托集团:投资于旅游业及休闲业相关资产,于澳大利亚证券交易所上市。

麦格理商厦信托:投资于商厦物业,于澳大利亚证券交易所上市。

麦格理中心商厦物业重组投资信托:在首尔中心商业区购买了一幢 22 层的商厦,作为其首项资产,于韩国证券交易所上市。

麦格理韩国基础建设基金(MKIF):KIF 在韩国证券交易所与伦敦证券交易所上市,投资于广泛的韩国基础建设资产项目。

麦格理私人资本集团:投资于多元化的私人股本投资组合,于澳大利亚证券交易所上市。

麦格理/第一信托环球基础设施/公用事业红利及收入基金:于纽约交易所上市的封闭式基金,投资对象为管理、控股及/或营运基础设施及公用事业项目。

麦格理环球基础设施全数回报基金:于纽约交易所上市的封闭式基金,投资对象为美国或非美国在基础设施行业投资、营运或管理的公司所发的股票、债务、优先股、可换股债券。

麦格理基础设施公司:此公司于纽约交易所上市,其主要业务为投资、营运及控股一系列设于美国境内及其他工业国的基础设施业务。

麦格理传媒集团:主要投资于全球的传媒行业,于澳大利亚证券交易所上市。

麦格里美亚佳盛房地产投资信托基金:该新加坡房地产投资信托基金主要投资于新加坡和海外用作零售和/或办公用途的优质房地产。

麦格理国际基础设施基金:此基金组合为全球性、分散的基础设施业务或项目,于新加坡证券交易所上市。

(2)麦格理基础设施集团发展模式

麦格理基础设施集团(MIG)是麦格理资本集团下属的基础设施投资公司,是世界上最大的收费公路开发和运营公司之一,目前MIG在加拿大、英国、法国、澳大利亚、美国、波多黎各、德国拥有10条高速公路,总里程超过2000公里。

表4.7显示,麦格理基础设施投资集团持有的高速公路股权基本上都是在2000年以后通过收购获得的,既有参股的高速公路,也有100%控股的高速公路,经营期最长的可达到2104年。

麦格理基础设施集团投资项目股权结构 表4.7

公路名称	国家	收购日期	股权	里程(公里)	经营期限(年)	投资额(亿澳元)
407 ETR	加拿大	2002.4	30%	108	100	29.6
M6 Toll	英国	1999.1	100%	42	30	
APRR	法国	2006.2	20.4%	2205	27	5.25
Westlink M71	澳大利亚	2003.5	47.5%	40	31	6.6
Dulles Greenway	美国	2005.9	50%	23	50	9.04
Indiana Toll Road	美国	2006.6	25%	253	75	5.03
Chicago Skyway	美国	2005.1	22.5%	12.5	35	4.56
Tagus River Crossings	葡萄牙	1999.1	30.6%		31	
South Bay Expressway	美国	2005.9	50%	14	35	1.86
Warnow Tunnel	德国	2000.12	70%	4	30	

图4.12显示,MIG营业收入近几年有小幅增长,成本费用基本没有变化,而EBITDA有小幅上升。2008年至2009年,受全球经济下滑的影响,MIG交通量同比下降4.5%,但营业收入基本持平,EBITDA增加了0.4%。

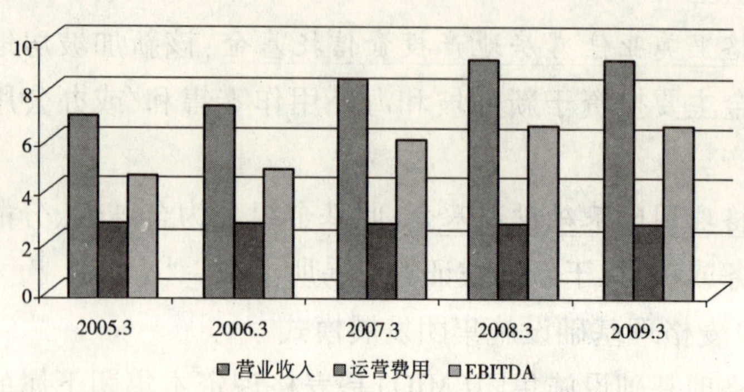

图4.12 麦格理基础设施集团投资收益对比图(单位:亿澳元)

MIG只是麦格理银行旗下的高速公路基础设施投资企业之一,麦格理集团仍有部分收费路桥项目在别的基金中。但由于MIG是麦格理银行旗下最大的高速公路投资企业,其经营模式能代表麦格理银行的发展模式,主要体现在:

首先,不断收购、建设基础设施项目。从表4.7可以看出,MIG近年来不断收购高速公路项目,从2000年以来,几乎每年都有新项目投资,既有参股的高速公路,也有100%控股的高速公路。最多时投资有14个高速公路公司,经营里程达到2771公里,近年来,由于金融危机等原因,出售了部分资产,但目前仍有10个高速公路项目公司。

其次,资本市场募集资金,通过基金上市的模式实现流动性。麦格理的基础设施投资是以养老金、保险等资金作为主要的资金来源。当资产收购完成后,首先对该项资产财务进行优化,并和投资者建立一个信托基金,设计成一些年收益为6%至7%的产品,由保险,养老金等长线投资者认购,由于这些基础设施收费与通货膨胀、GDP 等指标挂钩，所以基金具有相对的安全性。

第三，基金份额与股票捆绑组合成合订证券，在资本市场挂牌交易。麦格理基础设施集团有 3 家在澳大利亚证券交易所挂牌上市的公司，其中两个为信托，即麦格理基础设施信托基金，MIT(I)，MIT(II)，由麦格理基础设施管理公司管理，一个为麦格理基础设施国际有限公司(MIGIL)。

如图 4.13 所示，上市公司向基金管理公司借贷发行基金单位筹措资金收购路产，上市公司通过支付利息为信托基金提供资金形成基金收入，基金将收入分配给基金单位持有人。基金单位持有者所持证券为包括股票和基金单位组合的证券，可通过基金分配获得收益，也可以通过股票分红获得投资收益。

第四，追求长期投资，注重稳定回报。麦格理的运作模式主要是收购这些基础设施类资产，然后进行长期投资，以获得稳定的回报。在投资期间，基金能依托背后麦格理集团的专业资源为基金提供财务优化、管理支持等增值服务，通过推动公司业务发展的方式获得更高的投资回报。

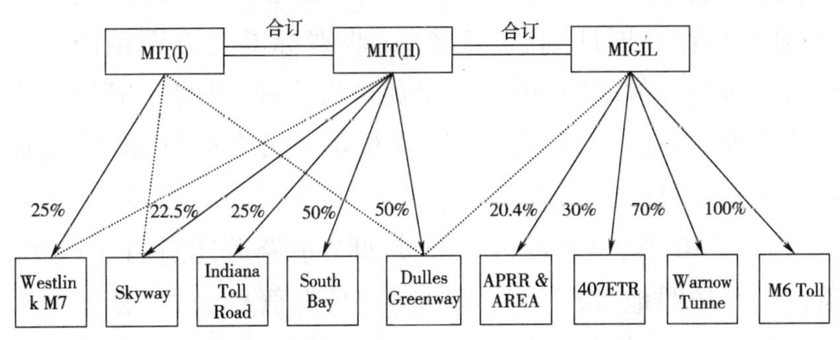

图 4.13　麦格理基础设施集团基金产品配置图

图 4.14 显示，MIG 持有的高速公路经营期平均达到 45 年，既有短期经营的项目，也有经营期很长的高速公路项目，通过这种不同年限的投资项目组合，并不断优化资产结构，实现企业的持续

经营。

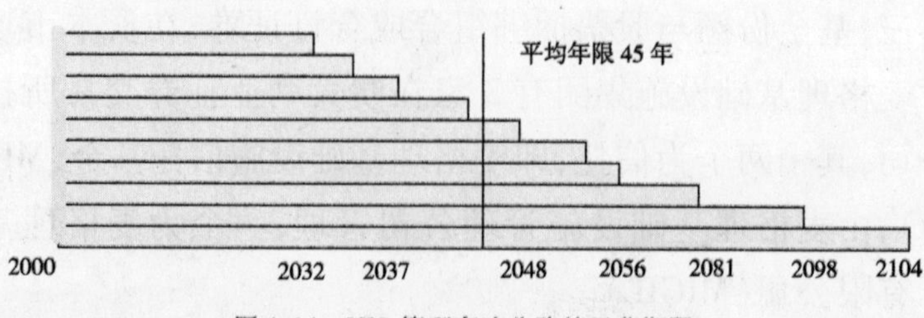

图 4.14 MIG 管理高速公路的经营期限

3. 日本道路公团

1956 年日本通过《日本道路公团法》,成立了日本道路公团作为国家干线收费高速道路的建设、管理的经营者,管理着全国城际间高速公路和一般收费公路。在 1959 年、1962 年和 1970 年,先后成立了首都高速道路公团、阪神高速道路公团和本洲四国联络桥公团,主要管理着大城市圈的收费高速公路。日本道路公团是以建设和管理收费公路为主要业务的特殊法人机构,成立之初由政府 100% 出资,虽然它与私人法人一样具有自身的决策和权力职能,但是,其业务经营活动,如经营目标、经营范围等,都是通过立法确定的,而在发展计划、资金预算、收费标准等方面须由国家批准和监督执行。但同时,国家给予免征法人税,并允许其发行政府担保债券等。公团的管理人员和职员都是公务员性质,政府通过监事代表来监督公团的运营。

2005 年 10 月,日本政府对日本四个道路公团进行了改革,四家道路公团按照地域拆分为六家高速公路管理公司,公团原有的资产和债务由日本高速公路保有及债务偿还机构(JEHDRA)继承,六家道路管理公司向 JEHDRA 租赁经营高速公路,自此,日本道路公团完全民营化运营。

(1)战略定位

虽然日本道路公团进行了民营化改革,聘请民间人士担任公司领导,但由于各公路公司资产都是100%归国家所有,其内部管理是按照计划预算执行情况进行激励,当经营业绩超过一定的标准后,公司得到一定的奖励。公司的公路建设、管理还要受到政府的审批,企业经营自主权主要集中在服务区、停车场的经营管理,公司的效益也主要体现在高速公路服务业,因此,企业的战略目标就是提供高质量的服务,公司员工的激励主要是从高速公路服务业收入中体现。由于收费部分都用来偿还租赁费用和建设新的高速公路,公司的经营业绩主要体现在服务区和停车场,为此,公司的经营理念是"为你提供最好的公路",公司的目标是为客户提供安全、高效、365天不间断的高质量通行服务,通过优质服务,实现企业的经济效益。

从表4.8及表4.9可以看出,高速公路通行费收入占公司营业收入的82%,服务区和停车场收入占15%。扣除运营成本后,高速公路经营收入为5411亿日元,但需要偿还的租赁费用就达到5266亿日元,占可支配收费收入的97%。单纯高速公路经营的毛利润率仅为2%,而道路通行服务的毛利率为51%。因此高速公路企业的战略目标并非通过通行费收入获得盈利,企业盈利的主要着眼点在道路通行服务。

东日本高速公路公司业务范围 表4.8

运营高速公路里程(公里)	在建高速公路里程(公里)	服务区(个)	停车场(个)
3446	414	82	215

东日本高速公路财务状况表(单位 亿日元) 表4.9

总资产	净资产	营业收入	通行费收入	服务收入	租赁费支出	运营成本	净利润	资产负债率	ROE
6932	1283	8667	7089	1290	5266	3256	98	79%	7%

注:租赁的路产并未计入总资产,租赁费也未计入负债中。

在业务范围方面,由于日本高速公路网基本建成,每个道路公团高速公路建设任务较少,道路公团的主要任务是高速公路运营管理,主要是道路维护和为通行者服务,因此高速公路公司的主要经营范围包括:①负责全国城间高速公路和一般收费公路的收费以及建设、改造、维护、修复及其他方面的道路管理。②收费停车场的建设和管理。③高速公路服务区和其他设施的建设及管理。④与高速公路相关设施,如长途汽车总站、挂车停车场的建设和管理。⑤灾害后的道路恢复工作。⑥高速公路交通信息采集,采集后的信息提供给 VICS 中心,然后由 VICS 发射到车载智能导航系统。⑦与工程相关的调查、测量、设计、试验研究等。

(2)发展模式

日本高速公路公司的发展模式,主要体现在道路公团改革措施及改革后公路公司的发展模式,改革措施主要体现在:

首先,剥离债务,理清管理体制。将高速公路资产和债务由 JEHDRA 承担,高速公路企业作为经营主体,除了向 JEHDRA 支付租赁费外,不承担高速公路建设时期形成的债务。而 JEHDRA 承担偿债义务,行使对高速公路运营管理的监督权,不具体经营高速公路。政府从高速公路具体管理中摆脱出来,只进行行业管理职能。虽然公路资产所有权依然是政府全资拥有,公司的重大经营活动必须经政府批准才能生效,如公路建设、收费标准调整等,但公司主要负责人在民间选聘,公司具体的经营活动,政府和 JEHDRA 都无权干涉。通过民营化改革,理清高速公路运营管理体制,明确了政府和市场之间的界限,提高了运营效率。

其次,采取 BTO 的模式修建高速公路。新建高速公路的任务由各高速公路管理公司承担,管理公司承担设计、融资、建设等任务,等高速公路建成通车后,转移给 JEHDRA,然后高速公路公司再与 JEHDRA 签订公路租赁协议,由高速公路公司运营管理新建高速公路。新建高速公路融资仍然以财政融资为主,并未有进入资本市场、通过上市的模式融资,因此新建高速公路的资产也全部属于国家。

道路公团改革后，高速公路公司收取的通行费，在扣除公路维护和运营管理的必要开支后，其余部分全部上交 JEHDRA，作为偿还债务的资金来源。高速公路公司盈利主要来自于以下两种方式，一是通过提高效率降低运营管理成本，节省部分属于公司的收益。二是大力拓展高速公路运营相关衍生服务业。

首先，高速公路通行费目前还不存在盈利。在公团民营化改革过程中，偿债机构和道路公团签订高速公路租赁合同，由于公团经营的高速公路大多是成熟运营的项目，因此每年的租赁费基本上和通行费收入一致，在制度设计中就避免通行费收入与租赁费的差异，以东日本高速为例，根据与 JEHDRA 的协议安排，每年的通行费收入中大约有 75% 作为租赁费用支付给 JEHDRA，其余 25% 用于高速公路的维护以及管理支出，如果通行费收入当年盈利，首先应弥补上一年的亏损，在有剩余盈利时作为储备金。如果当年有亏损，则从上年的储备金补足，仍然不足时则转入亏损，因此，通行费征收不能给高速公路企业带来收益。

其次，公团的盈利主要体现在服务区、停车场、交通信息服务等领域，根据高速公路公司与 JEHDRA 签订的协议，除通行费收入外，其他收益不用作为租赁费用上交：①商店、停车服务。日本高速公路通常以高架桥的方式穿越市区，高架桥下区域由高速公路公司负责经营管理，一般用于建设 24 小时停车场和便利店，高速公路公司从中获取停车收入以及商店租金收入。②交易卡服务。高速公路公司与金融机构合作开发各式集 ETC 交易结算、信用卡以及电子钱包为一体的交易卡，为出行者提供既省钱又方便的交易服务，并实行积分奖励计划，交易积分可以抵免部分通行费，从而鼓励出行者更多地使用交易卡。金融机构收取的结算费用中，部分用于与高速公路公司分成。③提供技术咨询。向发展中国家派遣工程师,提供工程技术方面的咨询服务等。④其他服务。为减少交通事故,提高出行的安全性,部分高速公路公司开始联合汽车公司共同开发智能交通系统、安全提示系统及事故快速处理系统等,实现人、车、路一体化,为出行者提供安全、便捷、高效的服务,同时企业获得一定的收益。

4. 国外高速公路企业可持续发展特征分析

(1)经营范围

大多数企业都以收费公路为主营业务,但基本上在交通基础设施领域开展多元化经营,普遍都经营机场、停车场等相关行业。多数高速公路公司都采用电子收费系统,如,巴西的 CCR 除控股经营收费路段外还取得了交通运输特许经营权、经营高速公路段电子收费系统和道路工程公司。

(2)经营模式

国外高速公路企业一般都以获得高速公路的控股权为目标,在难以获得控股权的情况下,也通过参股的模式投资高速项目。因此,这些高速公路公司在国内的项目基本上是控股,许多项目都是 100% 的控股,直接对道路进行经营管理,而在国外的投资项目,参股的情况较多,对参股项目一般不直接参与经营管理,但会要求较高的投票权。

(3)融资模式

走向资本市场是国外大型高速公路企业普遍的作法,通过以公路公司的名义上市或者以基金名义上市,向资本市场募集资金。除了资本市场直接融资外,大部分高速公路企业大量利用财务杠杆,通过银行贷款或者公路债券融资,资产负债率普遍较高,财务杠杆的放大效益提高了高速公路项目的资产收益水平。20 世纪 90 年代以前,欧盟国家保险、养老等长期资金很少关注高速公路等低收益的基础设施项目，然而近年来，随着高速公路私有化、民营化发展，养老、保险等资金也逐步开始投资收费公路等基础设施，成为交通基础设施的主要投资主体。

(4)特许经营

国外高速公路市场化的国家，高速公路特许经营制度比较完善，明确了政府和企业的界限、责任，高速公路企业经营环境较为稳定，因此，高速公路投资的政策风险较少。国外高速公路经营期比较长，最长的可达到125年，平均而言为45年左右，同时，收费标准同通货膨胀、GDP增长水平挂钩，相关的政策确保高速公路企业投资高速公路的最低收益水平。有些特许经营的国家，政府和企业共担投资收益、投资风险，当高速公路收益超过一定的比例时，高速公路企业就要将超额收益与政府分成，但当高速公路收益水平低于一定水平时，政府需要向高速公路企业进行补偿。

(5)经营状况

国外高速公路车流量一般只能达到个位数的增长水平，公司收入的快速增长，除了依靠提高通行费标准外，规模较大的公司都通过开发新路或收购新路的特许经营项目来推动增长。新资产与原有资产会形成一定的路网规模经济效益，并经过专家管理降低运营成本，实现较高的投资收益，这也是大规模高速公路公司经营状况普遍好于小规模公司的主要原因。

(6)扩张模式

国外高速公路企业的扩张模式大多数采用外延式收购扩张模式，一般选择全球化的高速公路市场，通过收购成熟路产，或者进行公司并购进行扩张，也包括投资建设新项目。国外高速公路企业在扩张的区域选择上，一般将政策透明度作为国际化市场选择的依据，一般以OECD国家的成熟路产为主，因此高速公路业务大多选择在欧洲和美洲，亚洲和非洲收购的项目较少。

（7）商业模式

国外高速公路市场化的国家一般都有成熟的特许经营制度，因此高速公路商业化模式较多，目前比较多的是TOT、BOT、PPP、公司并购等形式，其中PPP模式，即公私合营的模式受到国外许多国家的重视，通过该种模式，政府在高速公路运营管理中有一定的权限，可以保证高速公路的公益性特征，同时政府也承担一定的经营风险，因此可以保证投资者获得最低投资收益。

第五章　我国高速公路可持续发展研究

我国目前拥有的600多个高速公路运营管理主体,不论是政府还贷项目,还是经营性项目,这些高速公路管理主体都面临可持续发展问题。解决我国高速公路企业可持续经营,国家需要进一步明确高速公路产业市场化政策,在此基础上,高速公路企业根据自身状况,建立其可持续经营的发展战略。

一、我国高速公路产业发展政策分析

如前文所述,随着高速公路建设成本的不断攀升,路网密度的加大,高速公路投资收益的降低,高速公路对社会资本的吸引力逐渐下降,与此同时,高速公路存量债务居高不下,传统的“贷款修路,收费还贷”的政策在高速公路建设成本大幅攀升的情况下受到了一定的限制,高速公路产业需要对现有管理政策进行适当调整,适应高速公路产业可持续发展的要求。

1. 我国高速公路产业发展政策回顾

在国家财力不能全部提供建设资金的情况下,我国在1984年建立了“贷款修路,收费还贷”的高速公路滚动发展的政策,通过引进银行贷款并收取道路通行费的模式建设高速公路。此后,国家允许高速公路经营权转入,通过吸引社会资本参与公路建设,使我国的高速公路在短期内得到快速发展。1997年国家通过了《公路法》,以法律的形式确定了高速公路市场化发展政策,但《公路法》也明确，市场化融资政策只是我国高速公路建设高峰期，因财政资金短缺而采取的临时性政策，国家高速公路的长远发展目标是坚持公路的公益性，以免费高速公路作为最终发展目标。2004 年，交通部出台了《收费公路管理条例》，对高速公路市场化运营相关问题进行了规范，从政策层面建立了高速公路特许经营的雏形。2006 年，针对高速公路经营权转让过程中存在的问题，交通部停止了高速公路经营权转让，并提出不支持高速公路项目上市的政策。2008 年，交通部出台《收费公路权益转让办法》，允许高速公路经营权进行转让，规范了高速公路经营权转让行为。2009 年 1 月生效的成品油税费改革取消了养路费，开征燃油税，并取消二级政府还贷公路收费。2009 年年初，交通部党组提出逐步构建以高速公路为主体的收费公路网络和以普通公路为主体提供政府普遍服务的非收费公路网络的设想，这一系列政策的出台，标志着我国高速公路运营管理政策不断完善，高速公路企业的经营环境不断成熟。尽管如此，我国高速公路行业仍然存在一定的问题，如新建高速公路融资问题，高速公路债务处理问题，高速公路经营期到期后的管养问题，高速公路改扩建收费年限问题，高速公路收费标准过高等问题，这些问题需要在研究国家产业政策的基础上，探讨我国高速公路企业的可持续发展问题(参见图 5.1)。

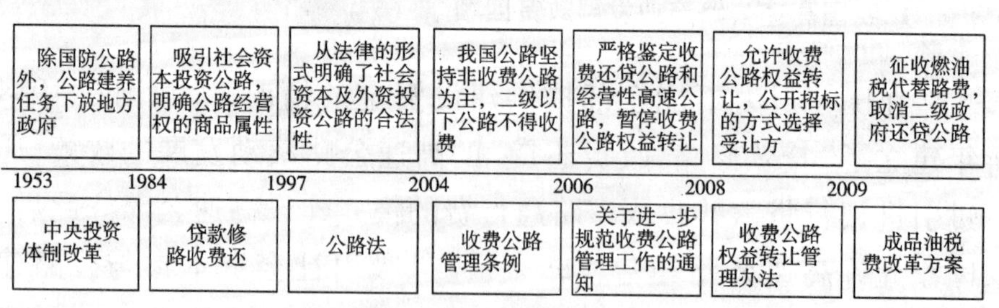

图 5.1　我国高速公路产业发展政策

2. 未来我国高速公路产业发展政策分析

国际上高速公路出现市场化、私有化的趋势，其主要出发点在于资金筹集的需要和提高高速公路运营效率，我国的高速公路同样需要继续坚持市场化政策，并随着国家政治体制的改革，市场化逐步深入。

(1)从高速公路产业投融资的角度看待高速公路产业发展政策

我国高速公路市场化融资政策的起因是高速公路建设资金短缺的原因，但发展到今天，高速公路建设资金短缺的问题非但没有解决，反而更加突出，主要体现在以下几个方面。首先，高速公路融资仍然困难，按照我国各地高速公路发展规划汇总，我国高速公路整体建设规模在 14 万公里左右，目前只完成了 6～7 万公里的建设任务，未来 10 年内高速公路建设任务依然严峻，按照每公里 6000 万元的建设成本，未来新建高速公路的融资需求为 4 万亿元以上，而现有的财政体制决定了高速公路建设资金必须通过市场化筹集。其次，我国高速公路行业累计债务巨大。据估计，我国目前高速公路债务在 1.3 万亿元左右间，按照 6% 的融资成本计算，每年债务利息需要 780 亿元，而我国高速公路 2008 年通行费收入在 1600 亿元左右，扣除必要的折旧和税费，高速公路通行费收入整体上只能勉强偿还利息。由于高速公路行业债务具有明显的结构性，西部一些省份，高速公路通行费收入难以偿还贷款利息，高速公路债务规模只能不断积累。据预测，在“十二五”期末，我国公路债务水平将达到 4 万亿元左右。如此大的债务规模，必须继续坚持高速公路通行费制度。因此，从化解债务角度来看，高速公路市场化政策不可动摇。最后，高速公路整体建成后，高速公路年均养护费用在 3000 亿元以上，而燃油税只是取代交通规费，税收收入基本上和过去的交通规费持平，其使用范围也主要用在非收费公路的建设和管理，并不能解决高速公路的养护支出，高速公路的管养只能靠自身解决，因此，从公路养护的角度来看，高速公路市场化运作是不能动摇的。综上所述，筹集公路建设资金、化解高速公路债务及维护高速公路运营的财务支出决定了我国高速公路不可能在经营期后停止收费。

(2)从效率的角度看待高速公路产业发展政策

国际上许多高速公路非市场化的国家，逐渐开始对包括城市道路在内的基础设施市场化运作，甚至私有化运作。高速公路市场化运作的根本原因在于政府运营的低效率，希望通过市场化运作来提高基础设施的运营服务效率。如日本道路公团民营化改革，改革前，企业经营困难，难以偿还债务，改革后，以东日本高速公路公司为例，东日本高速公路公司从改革后的第一个财务年度，即2006年，企业就出现了一定的盈利。此外，由于收费标准降低，社会通行负担较低，而且随着ETC的普及，通行效率大幅提高。英国基础设施PPP模式案例显示，市场化大约可以降低运营成本的30%至50%之间。大量的实例证明，通过市场化运作，浪费、腐败等因素逐渐减少，高速公路经济效益得到保证的同时，公益性并不一定会下降，而高速公路运营管理效率得到显著提高。

(3)从可操作性的角度看待高速公路产业发展政策

从可操作的角度来看，高速公路经营到期后，如果要停止收费，则会出现一系列问题。首先，随着我国高速公路逐渐成网，联网收费的普及，如果局部取消一段路或一个收费口，可能会打乱整个高速公路收费网络，尤其是一些统贷统还的省份。凡是经营期即将到期的高速公路都属于早期建设的项目，这些项目收益能力强，是统贷统还的主要质押资产，如果优质项目到期后不收费，统贷统还政策就难以继续。其次，取消收费将会造成高速公路的车流量上升，造成新的路况拥堵现象，同时会大幅削减平行竞争性高速公路的交通流量，对于投资平行公路的企业造成新的不公平。最后，由于建设期不同，收费经营期限不同，即使是部分路段到期后免费，但其余路段仍要收费。所以对于消费者来说，高速公路仍然在收费，即使部分高速公路免费，消费者也不会认为到期高速公路已经免费，免费后政府依然承受强大的社会压力，因此，从可操作的角度来看，经营期后，高速公路难以停止收费，如沪嘉高速公路一样继续收费。

(4)相关政策调整，已经显示国家对收费公路政策的转变

首先，交通部党组提出两套网络建设的设想，提出我国未来以高速公路为主体的低收费、高效率的收费公路网络和以普通公路为主体的非收费公路网络，说明我国高速公路的长远发展政策仍然是市场化发展政策。其次，随着收费公路权益转让办法、绿色通道政策、费改税政策、小排量汽车购置税减免政策等一系列政策的相继出台，《收费公路管理条例》已经不适合新的形势，需要进行修改。交通部拟在《收费公路管理条例》修改之际，明确高速公路市场化的管理思路，并计划通过降低收费标准、延长收费年限的方式来达到缓解车辆通行社会负担，提高高速公路社会投资持续吸引力的双重目的，使我国公路管理模式逐步与世界接轨。

未来我国公路发展的整体格局就如李盛霖部长在2009年全国交通运输工作会议上描述的一样："贷款修路、收费还贷"是我国公路基础设施投融资政策的重要组成部分。根据我国现阶段经济社会发展水平，今后一个时期，收费公路政策仍然是筹集公路交通建设资金的重要渠道，要继续坚持下去。同时，要针对实行过程中出现的新情况、新问题，对收费公路政策进行及时调整和完善，积极探索建立高速公路与普通公路统筹发展的新机制，逐步形成以高速公路为主体的收费公路网络和以普通公路为主体的免费公路

网络，建立充分体现效率与公平的高速公路管理体制。

二、我国高速公路产业投资机遇分析

1. 我国高速公路产业发展状况分析

从图 5.2 可以看出，从 1988 年第一条高速公路，沪嘉高速公路通车以来，我国高速公路经历了起步和快速发展阶段。在 1997 年以前，高速公路建设处于起步阶段，虽然高速公路建设增长速度较快，但每年建成通车的里程有限。1997 年亚洲金融危机爆发后，我国加快了高速公路建设步伐，高速公路从此保持快速增长，2000 ~2005 年期间，我国高速公路通车里程年均增长 20% 以上，高速公路年均通车里程在 4600 公里左右。2005 年以后，高速公路增长幅度有所下降，但也保持年均 13.7% 的增长率，高速公路年均通车里程在 5000 公里左右。

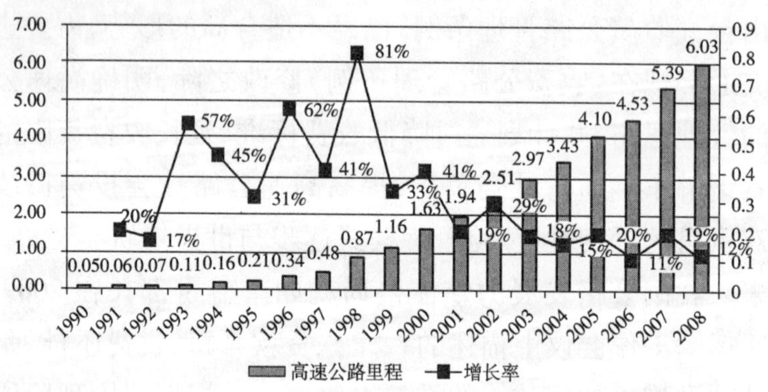

图 5.2 我国高速公路通车里程变化示意图

图 5.3 显示，在 2005 年以前，我国高速公路增长速度远远超过客货运量的增长速度，也超过 GDP、私人汽车增长水平，但从 2005 年开始，我国私人汽车拥有量快速增长，而此时，高速公路增长水平也基本上与客货运量增长速度、GDP 增长速度持平，说明高

速公路建设在快速发展过程中处于平稳阶段。

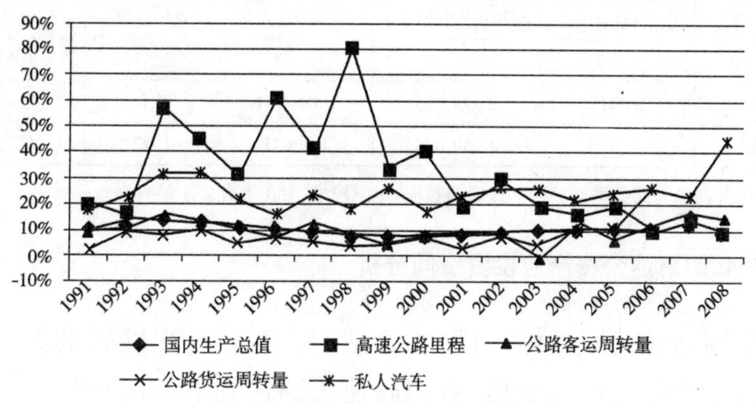

图 5.3 我国高速公路供给与交通运输需求对比图

从表 5.1 来看,我国高速公路密度还低于主要发达国家,其主要原因在于新疆、西藏两个省份国土面积大,但高速公路里程短,全国平均下来,高速公路面积密度比较低,但从区域来讲,我国已经有 12 个省份的高速公路面积密度已经超过世界平均水平,预示着我国高速公路可能存在局部过剩问题。考虑到人口因素,从高速公路的综合密度来看,我国所有省份的高速公路综合密度低于上述任何一个国家,说明我国高速公路规模相对于人口来说还比较低。此外,我国高速公路以 4 车道为主,而国外高速公路多在 6 车道以上,我国高速公路总体规模还不能完全满足人民出行及经济发展的需求,还需要大力发展。

我国高速公路与国外高速公路建设对比表　　表 5.1

指　标	总里程(公里)	面积(平方公里)	人口(万人)	面积密度	综合密度
美国	88 727	9 372 615	30 000	0.95	1.67
日本	6 114	374 744	12 745	1.63	0.88
英国	3 358	242 910	5 884	1.38	0.89
法国	11 000	551 602	6 040	1.99	1.91
德国	11 515	357 022	8 237	3.23	2.12

续上表

指　　标	总里程(公里)	面积(平方公里)	人口(万人)	面积密度	综合密度
意大利	6 957	301 318	5 768	2.31	1.67
中国	60 417	9 449 963	1 188 741	0.6	0.18
平均	26 870	2 950 025	179 631	1.73	1.33

注:国外高速公路数据均是网上搜索的数据,年限较早,对比表数据年限略有差异。

2. 我国高速公路产业投资空间分析

我国高速公路总体规模大,规划的高速公路规模居世界首位,规划任务全部建成通车后,我国高速公路达到14万公里。未来五年内,我国高速公路总里程就会超过美国,成为世界第一。不论从建成通车的高速公路存量资产,还是待建的高速公路增量资产规模来看,我国高速公路投资空间巨大。

(1)高速公路处于建设高峰期,增量资产投资规模大

我国国家高速公路网规划建设任务为8.5万公里,加上地方规划的省级高速公路,我国高速公路规划里程约为14万公里。截至2008年底,全国高速公路建成通车里程达到6万公里,占全部高速公路规划任务的43%,仍有8万多公里高速公路需要建设,按照年均8000公里的通车速度,高速公路规划任务建设完成至少需要10年。

图5.4显示,我国的高速公路通车里程为6.03万公里,相比14万公里的目标只完成了43%。按照每公里高速公路造价不低于6000万元来计算,我国新建的8万多公里高速公路投资空间在4万亿元以上,这其中还没有包括国道主干线扩容的投资需要,因此,我国高速公路增量资产投资空间巨大。

(2)收费还贷公路规模大,存量资产投资空间大

我国高速公路经过20年的建设,国家高速公路网主体工程基本建设完成,已形成的高速公路资产部分属于经营性高速公路,部

分属于政府还贷性高速公路。不论从里程规模，还是从资产价值来看，收费还贷公路占据较大的比重。

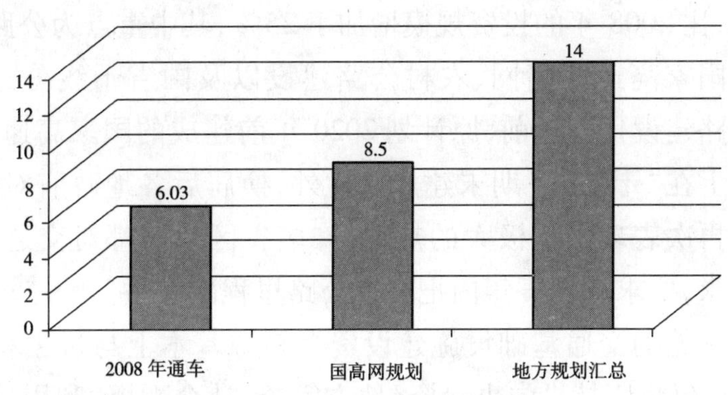

图 5.4　高速公路增量资产投资规模(单位:公里)

如图 5.5 所示，按照 2006 年的统计数据来算，政府还贷型高速公路资产约 1 万亿，这些高速公路资产建设期早、建设成本低，交通区位好，属于优质高速公路资产，在合适的时机，这些高速公路项目都可以通过经营权转让，进行市场化运作，给高速公路企业带来较大的投资空间。

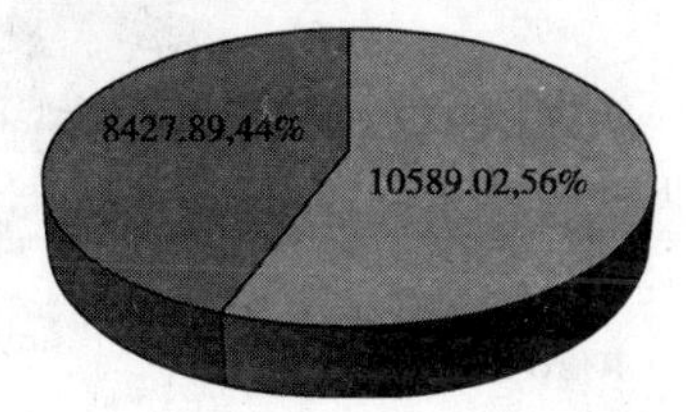

图 5.5　高速公路存量资产结构(单位:亿元)

3. 我国高速公路产业投资机遇分析

虽然我国高速公路产业发展存在着一定的不确定性，高速公路企业经营发展仍然受到一定的挑战，但我国整体经济形势依然较好，交通运输行业依然处于繁荣发展期，高速公路产业也处于快速发展期，高速公路产业仍然存在着一定的投资机遇。

(1)加快基础设施建设的刺激政策，为高速公路带来结构性投资机遇为应对经济危机的影响，国家采取加快基础设施建设的刺激经济政策，交通运输部确定今后五年交通固定资产投资规模年均1万亿元，比2008年的投资规模增加了25%，其中重点为公路建设，特别是国家高速公路网、农村公路建设以及国省干线公路扩容。高速公路建设任务提前，原计划2020年前建成的国家高速公路网也基本上在"十二五"期末建成。此外，换届后各地政府对高速公路建设再次表现出了极大的热情，许多省区政府都对交通厅提出明确要求，要求三到五年内把高速公路里程翻一番。

新一轮的交通基础设施建设资金来源基本上与过去相仿（见图5.6），仍将坚持"中央投资、地方筹资、社会融资、利用外资"的多元化投融资政策，主要由中央财政资金、地方配套资金和社会资金三部分构成。

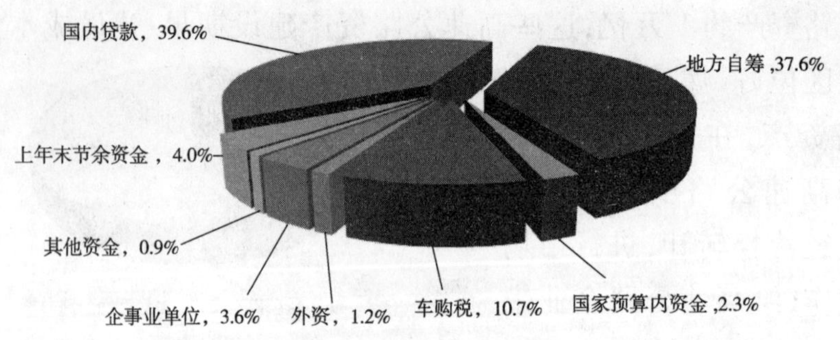

图5.6　我国公路建设资金来源情况（2003～2007）

首先，车购税作为中央公路建设资金的主要来源，不仅规模小（车购税总额约为高速公路建设资金需求的10%），且一半用在农村及西部地区的公路，因此在新一轮的公路基础设施建设中，中央资金仍然是一种引导性投资（2007年公路投资的财政性资金为1.4%），高速公路投资主体仍然是地方政府。受制于土地财政的萎缩，地方财政投资能力有限，高速公路的筹资任务主要集中在地方公路投资集团公司和高速公路管理局。近年来，由于地方高速公路建设增长速度远远高于养路费及车购税的增长速度，加之部分收费公路开始进入还贷高峰期，地方公路投资集团公司资产负债率普遍较高（资产负债率平均达到71%），融资压力大，见图5.7。

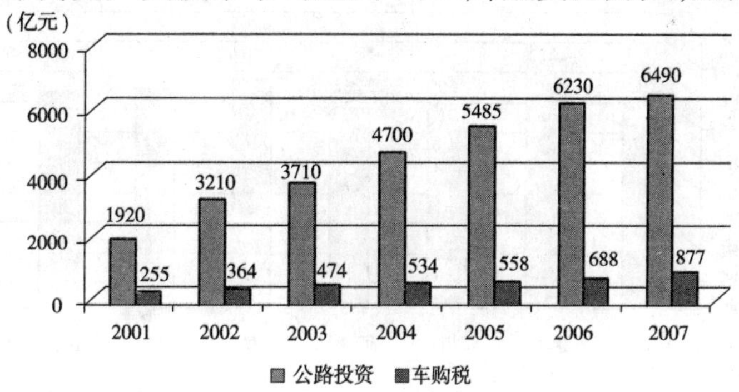

图5.7　历年车购税资金与公路投资对比（单位：亿元）

其次，在承担高速公路建设任务的同时，部分交通投资集团还承担高铁、市政等交通基础设施建设任务，而这些交通基础设施同样面临巨大的资金缺口。

最后，费税改革后，虽然费改税政策确定"四不变"，但燃油税作为中央税，不能作为地方贷款的抵押渠道，地方交通主管不能以养路费作为抵押进行银行贷款，进一步削减了地方公路的融资渠道。对于地方交通投资集团公司而言，一方面建设任务繁重，另一方面资产负债率普遍较高，融资压力大（图5.8），急需盘活存量公路资产，将部分成熟的优质高速公路项目推向市场，高速公路产业出现结构性投资机遇。

（2）高速公路市场化趋势逐步明晰，相关政策正逐步完善

近年来，随着我国高速公路建设速度的加快，高速公路管理政策也逐步调整，高速公路企业经营的经营环境也在逐步完善。

首先，国家提出建设两套网络的设想，逐步形成以高速公路为主体的低收费、高效率的收费公路网络和以普通公路为主体的免费公路网络。两套网络的设想明确了高速公路产业未来市场化的发展方向，与过去限制经营性高速公路发展的发展思路具有明显

的改进,为高速公路企业的可持续经营奠定政策基础。

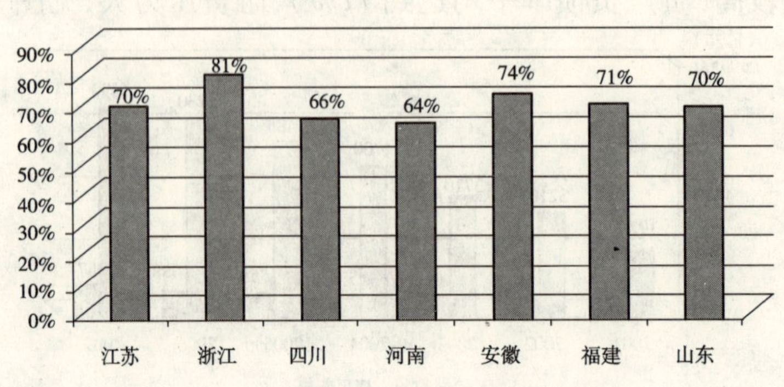

图 5.8　地方高速公路投资集团公司负债率

其次,燃油税费改革政策计划在五年内取消 10 万公里的二级政府还贷公路,目前已经有 13 个省份取消了二级政府还贷公路的收费。届时,我国收费公路的总规模因二级收费还贷公路的取消收费而减少 60% ,收费公路规模的减少会缓解社会舆论对高速公路的压力,有利于提升新的收费公路管理政策的社会认可度,有利于完善高速公路经营环境和降低高速公路投资的政策风险。

第三,2008 年 10 月出台的收费公路权益转让管理办法,允许对政府收费还贷公路进行转让,暂停两年之久的收费公路权益转让重新开启,新的转让办法从法律上明确了转让收费公路权益必须采用公开招标方式,并提高了收费公路市场准入条件,有利于打破区域壁垒,限制暗箱操作,为社会资本进入高速公路投资市场提供了契机。

第四,收费公路管理条例正在研究修改,如前所述,修改《收费公路管理条例》主要目的是调整收费政策,主要是计划降低收费标准,延长收费年限。收费年限的延长,尤其是改扩建高速公路收费年限的延长,为高速公路企业发展带来新的契机。

(3)国民经济的高速增长、汽车保有量及城市化率的快速增长成为高速公路产业发展的强劲动力首先,中国作为一个新型经济增长体,过去几年总体经济一直保持较快的增长速度。在金融危机发生后,我国对外出口有了大幅下滑,交通运输的增长速度也有所下滑,但随着国家提出4万亿元的刺激经济政策,我国整体经济得到快速回升,并有可能最先走出金融危机的影响。2009年上半年我国GDP增幅达到7.1%,第二季度增幅达到7.9%,相比第一季度的6.1%有了大幅提升,说明我国整体经济企稳回升。虽然受外需出口萎缩的影响,经济增长还有一定的不确定性,但中国经济的基本面并未改变,国民经济将会保持快速、稳定的增长,经济的稳定增长为公路运输提供了强大的发展动力,我国高速公路交通量也会随之保持较快的增长幅度。

如图5.9所示,我国公路运输与国民经济增长之间具有明显的正相关性,经济的高速增长是高速公路交通量增长的决定性因素。

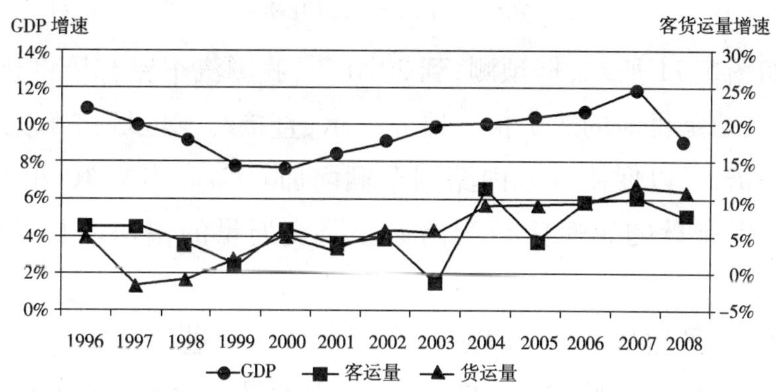

图5.9　我国国民经济增长率与公路运输增率之间关系

其次,我国汽车保有量的快速增长以及巨大汽车消费潜力为高速公路交通量的稳定增长奠定基础,我国人均GDP已超过2000美元,但汽车化率仍偏低。

如图5.10所示,我国汽车化率还远低于国外发达国家,我国人均汽车保有量只有美国的二十分之一,与同为亚洲的日本、韩国相比,仍有不小的差距。随着我国经济的快速发展,居民生活水平的提高,汽车保有量会得到快速发展。研究显示,人均 GDP 超过 2000 美元以后,汽车保有量会有爆发式增长,而我国人均 GDP 刚突破 2200 美元,预示着我国汽车保有量爆发式增长将会持续很长时间。

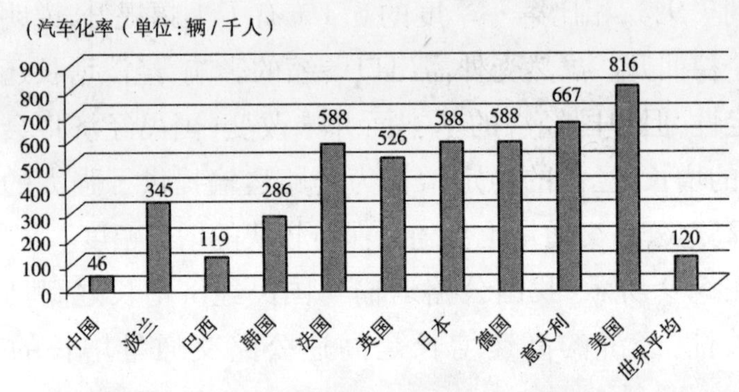

图 5.10 国际汽车化率比较

如图 5.11 所示,据预测,到 2020 年,我国汽车保有量将超过 1 亿辆,大约是目前的 2.7 倍。研究显示,直接影响区域汽车保有量增长一倍,可以促使区域内路网车辆增加 60%。未来 10 年内,我国汽车保有量的快速增长为高速公路交通量的快速增长奠定了基础。

最后,虽然从 1998 年以来,我国的城市化进程每年以 1.5 ~2 个百分点增长,但目前仍然较低,远低于世界发达国家的水平。

图 5.12 显示,我国城市化率远低于国外发达国家的平均水平,我国城市化率仅为 44.9%,而国外发达国家的城市化率均超过 73%,我国城市化率具有较大的提升空间。

如图 5.13 所示,预计到 2030 年,我国的城市化率将达到 65% 以上,由于城镇居民出行次数是农民的 8 至 9 倍,消费能力是农村的 4 至 5 倍,随着我国城市化进程不断加快,人民生活水平不断提升，也会促使高速公路交通量保持快速的增长。

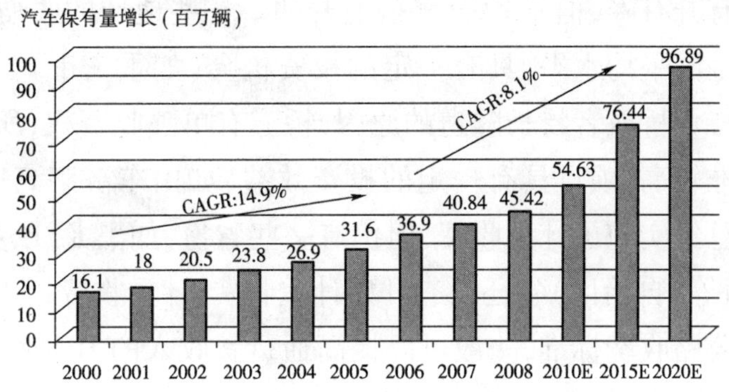

图5.11　我国汽车保有量发展趋势预测

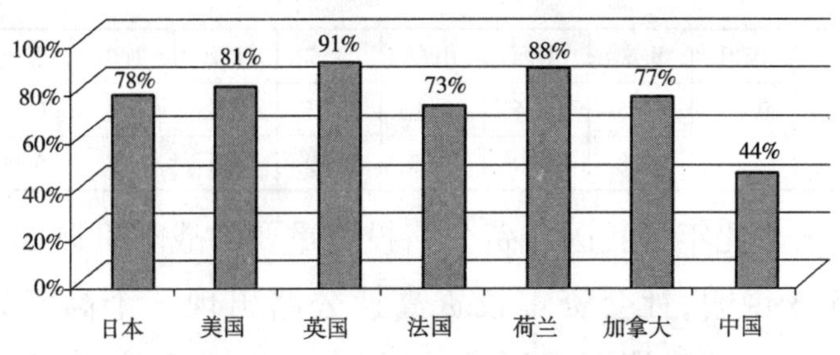

图5.12　国际城市化率比较

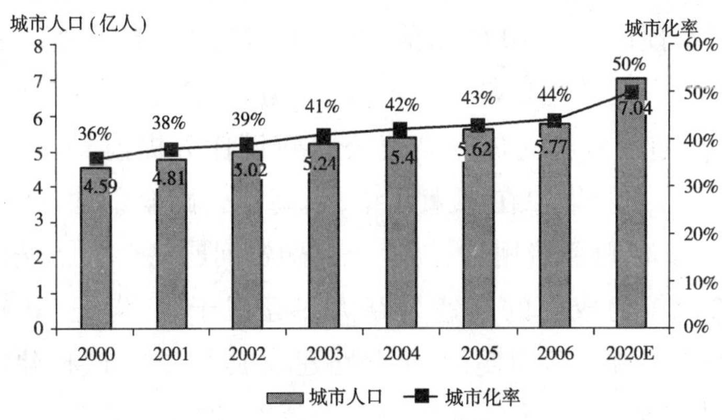

图5.13　我国城市化率发展预测

(4)不同地域的收费标准差异蕴藏着一定的投资机遇

总体来看,不同地域的收费标准差别较大,近几年来各省的收费标准有升有降,但平均而言是上升的。一些地域的收费标准明显高于全国平均水平,具有一定的投资机会(如重庆市)。某些路段由于特大桥或者特长隧道的原因,桥隧有单独收费权,所以整体收费标准较高,项目具有一定的投资效益(如山东济莱高速)。多数省市已经实施了计重收费,但仍有一些省份,如黑龙江,广东、浙江、广西等(自治区)省还没有开始计重收费,计重收费相当于提高了高速公路收费标准,一般可以提高通行费收入的10%至40%之间(见表5.2)。

不同区域收费标准比较　　表5.2

元/标车	四川	重庆	山西	山东	江苏	上海	浙江	福建	广西
标车收费标准	0.35	0.65	0.36	0.4	0.45	0.6	0.4	0.55	0.4
计重收费标准		0.08	0.09	0.08	0.09	n/a	n/a	0.09	n/a

(5)未来几年是我国收费公路投资重要的战略机遇期

表5.3说明,社会资本投资高速公路出现三个高峰期,这三个阶段均为公路融资压力所导致,而本次投资机遇可能是高速公路融资压力导致的最后一次投资机遇:首先,我国高速公路规划任务,原本预计在2020年之前完成,但多数省份的高速公路建设会提前完成,尤其是东部沿海省份,高速公路建设任务基本上在"十二五"期间就会完成。高速公路建设任务提前,地方高速公路融资压力主要集中在未来几年,当高速公路全部建成、通行费收入能够支付财务费用后,高速公路融资问题将会大幅缓解。其次,现阶段较为成熟的高速公路大多建成于20世纪90年代后期,普遍处于改扩建周期,由于公路建设成本大涨,改扩建需要大量的资本投入,客观上需要引进社会资本,但这一轮改扩建后,相当长的时间不会出现改扩建资金短缺问题。最后,优质公路项目主要是国道主干线和早期建设的国高网,由于这些公路建设较

早，剩余收费年限有限，国家规定收费年限超过三分之二就不得转让，如果错过近几年的时机，这些项目就会超过国家政策规定的期限而难以实现转让。

我国高速公路投资周期 表5.3

时段	20世纪80年代末到90年代初	20世纪90年代末到2005年	2009年到2015年
事由	80年代后期，由于国家财政资金总量制约，各地开始探讨公路多元化投融资体制，开始引进社会资本进入公路领域，推行经营性收费公路发展模式。但这一阶段，不仅公路投资市场规模较小，而且各类公路投资主体较少。	东南亚金融危机爆发后，国家采取了加大基础设施建设的投资政策。地方政府为了筹集公路建设资金，制定了优惠的政策，于是，社会资本大量涌入公路市场，经营性公路得到快速发展。	为应对金融危机，国家加快基础设施建设步伐，规划到2020年完成的国家高速公路网也将在“十二五”期间基本建成。建设任务的提前及负债额增加，各地普遍出现融资压力，需要盘活存量资产。
驱动力	高速公路建设的起步阶段，财政资金缺乏导致的融资压力。	为应对东南亚金融危机，大规模公路建设导致的融资压力。	为应对金融危机的影响，积极的财政政策导致的融资压力。

三、我国高速公路企业可持续发展模式分析

由于真正意义上的国际高速公路企业并未进入我国市场（麦格理在国内只投资了华南快速一条高速公路，目前正在寻找买家，准备退出），因此我国高速公路市场中，所谓的外资企业，基本上是香港的高速公路企业，由于这些企业本身就是多元化投资的企业，高速公路产业只是其投资中的一部分，这些企业的发展目标由企业整体战略所决定。而对于民营企业来说，由于高速公路投资规模巨大，投资周期长，投资收益相对较低，而民营企业资本实力有限，主要追求眼前利益，因此，当前的中国的高速公路产业并不是非常适合民营企业，民营企业也基本上是投资一些二级路等资产

规模较小的基础设施,即使投资高速公路,也是将高速公路资产作为一个运作平台,进行投机或资本运作,因此,这些民营企业不会将企业的长远发展目标定位在高速公路投资运营,而是根据环境的变化,选择投资收益更高的领域。本文对高速公路企业可持续发展研究,重点研究的是有国家财政资金,包含车购税资金在内的国有高速公路投资企业,这些企业的资产具有特殊属性,不是完全市场化资产,具有一定的资产专用性,是在我国高速公路建设高峰期,以高速公路投资运营为主要目标的高速公路企业。

1. 战略目标

企业可持续发展战略取决于企业自身状况和所处的外部环境,一般采用 SWOT 方法,对企业内部资源和外部环境进行分析,在分析企业自身的优势与劣势、外部机遇与威胁的基础上,以消除劣势、发挥优势,利用机遇、避免威胁为出发点,制定企业的可持续发展战略。

(1)在高速公路产业链上选择企业的战略定位

从高速公路产业链的角度来看,高速公路产业分为规划、设计、建设、运营管理及通行服务五个环节,其中,制定产业政策及路网规划是政府职能,而设计、建设环节,我国一直坚持市场化外包,因此,高速公路产业市场化主要是指投资建设与运营服务阶段的市场化。

图 5.14 说明,高速公路产业链分为五个业务环节,每个环节都有市场化运作空间。对于高速公路企业来说,制定可持续发展战略需要根据企业属性,在高速公路产业链上选择自己的战略定位。具有建设能力的企业,如中交集团、中铁集团,一般也有自己的科研、设计单位,这些企业在高速公路领域的战略定位可以是前向一体化或者后向一体化,可以发展成为高速公路总承包商,从高速公路设计、

建设、到运营管理、通行服务，可提供高速公路产业链全程服务。对于地方高速公路集团而言，既有运营管理能力，也有部分工程建设能力，因此其本身已经覆盖了高速公路产业链的主要环节，其战略定位也可以是运营与建设，或者以运营为主，建设外包。而对于高速公路投资企业来说，其优势在于融资和财务优化，前向发展不具有优势，但高速公路运营管理对技术要求相对较少，可以向运营管理和通行服务方向发展，因此高速公路投资企业未来发展战略定位是高速公路投资、运营管理及通行服务。

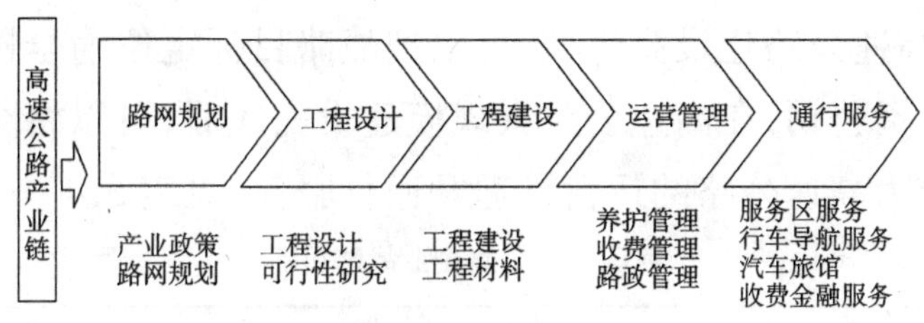

图 5.14　高速公路产业链

(2)在企业竞争优势中选择发展战略重点

不同类型的高速公路企业，在市场竞争中有不同的竞争优势，企业战略目标选择需要根据企业的竞争优势，与企业的行业定位相匹配。对于以 BOT 模式形成的高速公路企业，这些企业本质上都是建筑企业，在工程建设领域具有优势，但在高速公路运营与服务方面有所不足。因此，这些高速公路经营企业的战略目标不仅仅是投资高速公路，只是将投资高速公路作为其获得工程建设业务的一种商业模式，这些企业的战略重点在于工程建设。对于地方高速公路集团公司，随着大交通格局的形成，这些企业逐步会转化成为地方交通基础设施投融资及管理平台，企业的战略目标是建设、管理区域内交通基础设施，除了高速公路项目外，还包括机场、铁路等，这些企业的战略重点是完成省政府制定的建设项目融资、运营管理任务，业务重点在于资金筹措，资金链不断裂是其根本要求，因此，这些企业的发展战略重点在于拓宽融资渠道，保证交通基础设施建设任务的及时完成。对于高速公路上市企业，这些企业是公众企业，最大化投资收益是其根本要求，而市场对其评价也是建立在高速公路产业基础之上，资本市场要求其专业化，因此，这些高速公路上市公司的战略定位是高速公路专业化投资运营企业。对于全国性的高速公路投资企业，如华建中心、平安基建及中信基建，企业的战略目标就是高速公路等基础设施的投资，因此，这些企业可以根据我国高速公路发展的不同阶段调整自己的战略，在高速公路建设高峰期，可以把战略目标定位为全国性的高速公路投资公司，在高速公路大规模建设完成后，可以将企业的发展目标定为高速公路的运营管理及通行服务（见表5.4）。

我国高速公路企业战略目标 表5.4

	多元化经营	专业化经营	区域性公司	全国性公司	财务投资公司	运营管理公司	控股公司	参股公司
地方投资集团	√		√			√	√	
公路上市公司		√	√			√	√	
全国性公司		√		√	√			√
建筑企业		√		√	√		√	
民营企业		√	√			√	√	√
外资企业	√			√		√	√	√

（3）结合高速公路产业环境选择企业战略目标

高速公路产业并非完全竞争产业，不同的政策环境决定了不同的企业经营模式，高速公路投资企业战略定位中，除了考虑企业的竞争属性，还需要考虑整个产业投资环境。

首先，我国完全市场化的高速公路企业规模偏小，因此，高速公路投资企业首先应该成为专业化高速公路企业。对于多元化与专业化而言，从现象上来说，既有专业化高速公路公司成功案例，也有多元化高速公路公司成功案例。一般来讲，企业专业化是形成行业竞争力的有效途径，一些成功的企业在一个行业占领了绝对优势并完成了原始积累，然后又进入其他领域，开始多元化。在当前高速公路建设高峰期，高速公路企业应该重在专业化能力的提升，发挥专业优势，成为高速公路行业的领先者，即使要多元化，也应该考虑产业的相关性和互补性，尽量进入交通运输领域等与高速公路经营密切相关的行业，进入地产、金融等行业，高速公路企业没有优势，存在较大的投资风险。

其次，我国高速公路管理体制不完善，高速公路企业需要追求高速公路项目的控股权。由于我国高速公路采取地方为主建设的管理体制，高速公路路产大多属于地方高速公路集团公司，而这些地方高速公路集团公司并非是以盈利最大化的企业，承担的是区域内高速公路建设、运营的责任，一般不愿意放弃优质高速公路项目的控股权及运营权，如果高速公路投资作为财务投资，合作方大多是地方高速公路集团公司，由于这些企业大多并非完全意义上的市场主体，因此，与这些企业合作共同投资，难以建立完善的公司治理结构，高速公路投资企业的利益也难以保障。对于高速公路投资企业来说，对优质高速公路项目采取控股投资是确保收益的最佳选择，如果难以获得控股及运营管理权，也尽量与上市高速公路企业进行合作，由于上市公司也有投资收益的要求，操作相对规范，投资收益相对有保障。

最后，我国政策透明程度不高，与政府的良好关系是高速公路企业发展的关键。高速公路是具有公益性的准公共产业，但目前我国还缺乏完善的特许经营制度，因此，产业的发展受国家政策和管理部门的影响较大。在获取优质公路项目经营权方面，有政府背景的公路企业具有明显的竞争优势。此外，高速公路又是地域很强的产品，在运营过程中，接受地方交通行业主管部门的监管，与政府的良好合作关系是其能否顺利经营、获得预期回报的关键，因此高速公路企业在制度发展战略时，需要加大行业行政公关能力建设，加强与行业主管部门的关系。

2. 发展路径

高速公路企业的发展路径，是指高速公路企业如何发展壮大，如何成为行业领先者的路径。当前制约高速公路企业发展的主要因素是优质高速公路资源获取能力和投资资金筹措能力，因此，高速公路企业的发展取决于企业的融资能力和公路项目资源的获取能力。

(1)低成本融资能力

高速公路投资额大、投资周期长、投资收益相对较低。在我国高速公路建设高峰期，融资能力成为高速公路企业能否获得竞争优势、能否快速发展的关键，尤其是大规模、低成本资金的筹集能力。

由于高速公路投资具有收益稳定、现金流量充裕等特征，属于防御性投资产品，投资者的资金安全性较高，因此，各类商业机构也非常积极地通过股权或者债权的方式投资高速公路。目前，高速公路企业融资模式可以分为经营权转让、直接债务融资、上市融资及产业基金融资四类模式：

第一类，经营权转让模式

据统计，1994 年至 2005 年底，全国收费公路权益转让项目总数达 222 个，转让公路(含桥梁、隧道)里程近 1 万公里，实现转让资金收入 861 亿元。实行收费公路权益有偿转让是运用市场机制筹措公路建设资金的有益尝试，对于促进公路事业的发展发挥了积极作用，使新的公路项目提前 5 ~ 15 年建成，形成公路建设滚动发展的良性循环机制。经营权转让主要针对地方高速公路管理部门或者地方高速公路集团公司而言，是一种融资模式，但对其他的高速公路企业而言是一种投资模式。

2006年,国家审计署对北京、湖北等18个省(市)收费公路建设、运营、管理情况进行了审计调查,并向国务院提交了《审计署关于18个省(市)收费公路建设运营管理审计调查情况的报告》(审发[2007]19号)。报告中将我国高速公路经营权转让的许多问题进行了报道,引起了社会的强烈反响。温家宝总理也批示:"交通部及有关省市要认真研究审计报告提出的关于收费公路建设运营管理工作的问题和建议,切实抓好整改。"目前三部委已经起草收费公路经营权转让的清理和整顿工作,已经上报国务院,计划近期对经营权转让中的问题进行清理和整顿。

第二类,直接债务融资模式

由于不改变投资主体,也不对现有的建设和管理方式进行改革,因此,债务融资是各高速公路企业普遍采取的融资模式。高速公路企业中债务融资的主要类别有:银行贷款、企业债券、信托融资、资产证券化等债务融资模式。

如图5.15所示,除了个别高速公路上市公司外,我国高速公路公司普遍采取债务融资的模式,尤其是地方高速公路集团公司,主要依靠债务融资的模式筹集高速公路建设资金,资产负债率普遍较高。

首先,银行贷款模式。由于银行贷款资金量大,期限长,手续相对简单,而且高速公路项目可以获得利率优惠,所以银行贷款模式是高速公路建设过程中最普遍的融资模式。目前地方高速公路投资集团公司50%以上的负债是银行贷款。

其次,债券融资模式。债券融资相对于中长期银行贷款而言,利率较低,而且债券融资期限也比较长,手续也不复杂,适合作为公路建设项目的融资手段。近年来高速公路企业普遍利用债券融资,不仅用于项目收购,也有项目改扩建、建设新项目等用途。高速公路利用债券融资的案例较多,如表5.5所示。

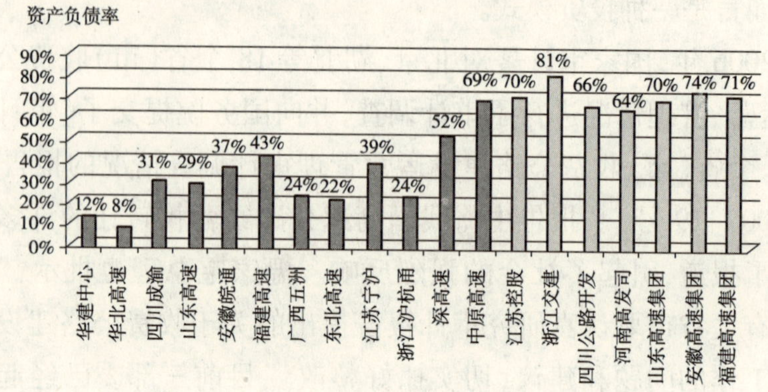

图5.15　我国高速公路企业资产负债率比较

我国高速公路企业债券融资案例　　表5.5

	发行额	性质	期限	利率	发行时间	用途
沪杭甬高速	10亿元	公司债	10年	4.27%	2003.3	拓宽工程
福建高速	30亿元	公司债	3年	5.60%	2008.9	项目收购
江西高速	15亿元	企业债	15年	5.49%	2007.5	建设项目
陕西高速	5亿元	企业债	10年	5.7%	2007.10	建设项目
深高速	8亿元	公司债	15年	5.5%	2007.7	项目改造
山东高速股份	15亿元	公债券	15年	5.85%	2007.11	项目投资

表5.5显示，债券融资利率比银行中长期贷款利率低，而且融资期限也较长，在高速公路企业得到普遍的应用。

第三，信托融资模式。近年来，许多信托投资公司与高速公路公司联合推出形式多样的高速公路类信托产品。信托投资公司向自然人或机构投资者募集资金，然后向高速公路提供贷款、投资、融资租赁、收购债权或收益权等。信托融资期限相对较短，而且利率较高，虽然在高速公路应用的案例较多，但信托模式应用的规模较小。

高速公路产业有稳定的现金流，是比较适合进行资产证券化融资的产品，但我国高速公路产业还没有资产证券化融资案例，未来随着金融政策管理的成熟,资产证券化融资也将会成为高速公路企业的一种创新融资模式。

第三类,上市融资的模式

上市融资是将高速公路公司组建成股份公司,在资本市场上市,将上市募集到的资金,投资建设公路或收购已建成的收费公路。通过融资—再投资—再融资的模式,可以有效解决我国高速公路建设资金短缺的问题,也有利于高速公路企业的持续经营。虽然我国高速公路上市公司数量较多,但公司规模较小,有些上市公司只经营一条高速公路,融资能力有限,对我国高速公路建设的支持力度有限,甚至出现部分高速公路上市公司拥有大量资金无处可投,而高速公路建设资金严重短缺却难以融资的尴尬局面,上市公司的逐利性与高速公路的公益性产生矛盾,因此交通部明确提出不再支持高速公路上市。虽然高速公路上市融资功能有限,但有些高速公路企业通过不断资产注入,不断市场融资,在保持企业追求经济利益的同时,也实现了对高速公路行业的支持。国外大量高速公路上市企业案例说明,上市公司与高速公路产业完全可以共赢。通过上市公司的融资、投资功能,一方面可以缓解高速公路建设资金短缺问题,为高速公路企业募集大量投资资金。另一方面,上市的平台,可以有效解决投资者的流动性,有助于解决投资者追求稳定收益的投资需求,因此,上市公司仍然可以作为我国高速公路建设的融资、投资平台。高速公路企业上市融资主要关注两个问题:上市地点的选择以及以何种模式上市。

首先,高速公路上市地点可以选择先香港、后内地的策略。虽然内地资本市场比香港资本市场融资效率更高,但目前交通运输部不支持高速公路企业上市,高速公路企业目前还难以直接在内地资本市场化上市,而香港上市比较容易。高速公路企业可以考虑先在香港上市,等时机成熟后再回归 A 股,实现在内地上市的最终目的。

如表5.6所示,从市场总体规模来看,内地较香港市场更大;从市场管理体制来看,香港更规范透明,活跃度高,管制相对宽松;从市场评价来看,内地市场对公路业务平均估值水平较高,但香港市场更获得国际投资者青睐;从竞争程度来看,内地市场公路同质产品较多,香港较少。可见,内地市场和香港市场各有优势。

我国高速公路企业上市地点选择 表5.6

	香港市场(H股)	内地市场(A股)
市场规模	17.4万亿元	19.6万亿元
监管政策	市场操作成熟规范,上市申请审查程序正趋严格,市场更倾向于大型公司。	上市融资进度取决于市场状况,审批逐步接近国际惯例,从上市申请到正式挂牌最快3~5个月。
发行市盈率	10.5x	20x
融资效率	再融资通常只需符合基本条件和市场接受即可。	需满足连续三年盈利条件,向机构投资者定向配售股份门槛较低。
公路平均PE	13	20

其次,我国高速公路产业不适合整体上市,而应该采取部分上市的模式。高速公路资产上市一般分为整体上市或部分上市两种模式(见表5.7),我国现有高速公路上市公司大多是部分上市的模式,即,高速公路投资集团将部分优质资产剥离后单独上市,上市后形成母公司为地方高速公路集团公司和子公司为高速公路上市公司的分布格局。

我国高速公路企业上市模式选择 表5.7

	整体上市	部分上市
模式	公路公司将其全部公路资产打包,在资本市场IPO。	将部分成熟、优质项目在资本市场IPO,部分培育项目或亏损项目由母公司持有,等时机成熟再注入上市公司。
优点	一次性募集资金量大,公路产业可以快速扩展。	母公司和上市公司相互配合,母公司作为项目培育器,承担新项目的培育,子公司作为融资窗口,吸收母公司的成熟路产。
缺点	上市公司没有母公司支持,获取项目难度加大,一些处于培育期的项目难以收购,市场拓展能力受限。	一次性募集资金较少,需要多次融资、注资,容易受资本市场形势左右。

由于发达国家高速公路网基本建成，国外高速公路产业基本上是整体上市，所以上市公司资产规模大、路产较多，但这种整体上市的模式不适合我国当前的高速公路市场：①我国高速公路处于建设高峰期，新建高速公路项目投资收益水平低，培育期长，如果这些新的项目由上市公司直接投资，会对上市公司的当期业绩产生很大的影响，从而会降低上市公司的融资能力。②我国高速公路建设更多的是一种行政任务，可行性研究报告也多为可批性报告，项目是否需要建设投资不是由经济可行来决定，而是根据政治需要来决定，如果整体上市，一些亏损项目就必须由上市公司直接投资，会给上市公司业绩带来大幅度降低。如，楚天高速，由于该公司属于单一路产公司，资产规模较小，而且缺乏母公司的支持，投资新建高速公路项目后企业业绩就会出现大幅度下滑。而如果有一个母公司作为项目培育器，等项目成熟后再注入上市公司，可以避免新建项目对上市公司经营业绩的冲击。

第四类，基金融资的模式

产业基金本质上等同于私募股权基金，区别就在于是否政府批准。随着国家对产业基金审批的放开，二者已经没有明显的区别。产业基金由于是股权投资，而且募集资金规模大，不仅可以缓解资金缺口，而且可以降低公路债务危机，所以比较适合我国高速公路产业当前的发展需要。

首先，相关政策法规逐步完善，产业基金时机成熟。从 20 世纪 90 年代末开始，建立交通基础设施产业投资基金成为研究热点，但由于政策环境的不成熟，产业投资基金只是一种理论上的融资模式。随着《公司法》、《合伙企业法》、《产业投资基金（试点）管理办法》（预计今年下半年会推出）、国家取消产业基金行政审批等政策出台，产业基金相关政策基本成熟，2006 年《保险资金间接投资基础设施项目试点管理办法》出台，2009 年《保险法》的修改，保险资金投资高速公路基础设施的限制逐步放开,保险资金扩大了产业基金的募集对象。目前我国成立了大量的基础设施产业基金,说明产业基金从政策上、市场上已经成熟。

其次,高速公路企业作为基金的发起人,具有一定的优势。①由于交通运输产业投资基金主要从事实业投资,所以它的发起人必须同时具有交通运输行业投资经验及资本经营经验。②高速公路行业作为基础性行业,项目是采取特许经营的模式,受国家宏观政策的影响较大,所以其主要发起人应该是从事交通运输行业投资的专业性投资公司,而不应该是证券等非金融机构。③由于基金投资属于股权性质投资,作为交通运输产业投资基金主要发起人应选择控股经营的管理公司,而不应选择财务管理公司。

(2)优质资源获取能力

当前我国高速公路建设处于高峰期,融资问题是各地交通投资主体的重点问题,因此各地愿意将部分高速公路资产推向市场,并根据《收费公路权益转让办法》的要求选择投资企业,高速公路企业只要符合权益转让办法规定的财务要求,即可投资高速公路,但由于目前市场上更多的是新建项目或者处于培育期的高速公路项目,因此企业获取资源的能力取决于对项目前景分析判断能力、风险控制能力与行政公关能力,其中行政公关能力是当前高速公路企业获取优质公路项目经营权的决定性因素。

当高速公路主体工程建设完成后、高速公路建设高峰期过后,高速公路产业发展重点从融资问题转移到高速公路的管养和服务问题,此时,高速公路企业的市场竞争能力取决于运营管理能力和服务能力,如养护能力和通行服务能力,能否获取高速公路运营管理的资格,取决于高速公路企业的管养能力。因此高速公路企业在发展过程中需要加强运营管理能力的培育,尤其是高速公路的养护能力的培育,使自己成为专业化的高速公路管理公司,在高速公路建设期结束后，获得竞争优势。

3. 商业模式

高速公路企业的商业模式，主要是以获取高速公路经营权为目标的商业模式，而非股票、债券、信托等财务投资的商业模式，而这种商业模式又取决于国家行业管理政策：首先，我国土地和路产属于国家所有，因此我国高速公路短时期内还难以私有化运作，私有化运作的商业模式难以在中国应用。其次，在我国高速公路建设过程中，合同外包的模式一直得到应用，合同外包的模式是我国高速公路建设中一直存在的商业模式，这种模式只是解决效率和成本问题，不能解决我国高速公路产业发展的融资问题和管养问题。第三，高速公路企业的商业化模式，主要针对的是投资、运营阶段的商业化模式，这个阶段，高速公路路产属于国家所有，出于公益性的要求，国家对高速公路进行行业监管，高速公路企业通过不同租赁形式获得高速公路的经营权，进行运营管理并获得投资收益。因此，本文研究的商业模式主要是指高速公路投资、运营的商业模式，是高速公路产业特许经营体制下投资企业的商业模式。

我国《公路法》、《收费公路管理条例》、《收费公路权益转让办法》等制度明确了我国高速公路的管理政策，明确了我国高速公路经营期限，在东部地区不超过 25 年，中西部地区不超过 30 年的，并建立收费费率由政府制定的管理制度。在现有政策约束下，我国高速公路投资运营的商业模式主要是经营权转让的 TOT 和 BOT 模式，这些模式在促进我国高速公路产业发展，促进高速公路企业的发展中起了决定性作用。

(1)现有高速公路商业模式分析

表 5.8 说明，不同的商业模式都有其适用范围和成功案例。其中，通过经营权转让的 TOT 模式是我国高速公路产业市场化运作的

主要模式,是引进社会资本进入公路领域、盘活公路存量资产、实现公路基础设施滚动发展的重要方式,这种模式也将会是未来高速公路产业投资的主要模式。BOT模式是最近几年出现的新的商业模式,将项目融资建设与运营管理整体转让,不仅是高速公路建设企业的创新商业模式,也是高速公路投资企业的创新商业模式,这种模式应用成功的案例较多,也将会是未来新建高速公路的主要商业模式。BT模式主要适用于高速公路建设企业,这些企业只投资建设,不运营高速公路,但由于垫资引发农民工工资问题,这种模式受到一定的限制。设计施工总承包模式也是近几年出现的创新商业模式,这种模式主要是针对建设过程,拓展到高速公路运营管理的案例较少,但这种模式包含产业链的大多数环节,可以发挥产业链优势,因此也会成为未来高速公路企业采取的一种商业模式。

我国高速公路商业模式现状分析 表5.8

现状	特　征	适 用 范 围	主 要 案 例
TOT	将建成通车的高速公路项目通过招标选择投资主体,由投资主体运营高速公路,在经营到期后移交给当地政府。	建成通车的高速公路项目,适合所有高速公路企业。	外资、民营企业通过此种模式获得高速公路项目,如越秀交通、和合公路等。
BOT	在高速公路设计、可研报告批准后,通过招标的方式选择投资方,投资方进行项目融资、投资建设、运营管养,经营期结束后移交地方政府。	待建高速公路项目,适合建设施工企业。	中交集团在山西侯翼高速公路项目。
BT	投资商只负责融资和建设,建成通车后按照事先约定的合同,将项目转让给业主,其本质上就是代建制。	待建高速公路项目,适用于建设施工企业,高速公路投资企业也可尝试。	中交投资广西隆(林)百(色)高速公路。太平洋投资集团市政项目都采取BT模式。
DBC	设计施工总承包,投资者承担包括工可、设计、项目立项、投资建设、项目运营全过程。	规划中的高速公路项目,适用建筑企业、设计单位。	中交集团投资湖南京珠二通道。

(2)未来高速公路商业模式分析

现有的高速公路商业模式是实践证明了行之有效的高速公路市场化商业模式,尤其是TOT模式大大促进了我国高速公路市场化进度,但这些商业模式需要根据未来高速公路发展环境进行适当的调整和创新。

首先,随着高速公路建设成本大幅攀升,高速公路路网逐步成型,高速公路行业的整体收益在逐步下降,传统的商业模式受到一定的限制。国家管理部门已经意识到收费公路管理政策存在的一些问题,开始调整高速公路发展思路和发展政策,相应的高速公路商业模式也需要调整。

其次,随着高速公路大规模建设的完成,高速公路管理重点从建设向运营管理转移,届时,高速公路融资问题已经得到解决,高速公路管理的主要问题是运营养护及通行服务,高速公路经济性与公益性,投资主体的分散化与路网统一经营之间的矛盾会逐步显现,高速公路行业管理政策也可能会有所调整,国家有可能会兼顾高速公路的公益性和经济性,采取国外类似的经营管理模式,而且收费期限较长,收费标准较低,高速公路经营的目标只是为了管养高速公路,这就为高速公路创新商业模式提供更广阔的基础。

最后,随着收费公路管理条例的修改,高速公路经营期限的延长,高速公路产业的市场化政策进一步明确,宽松的管理政策可以为高速公路产业创新商业模式提供广阔的政策基础,也为高速公路企业的进一步获取优质高速公路资源、实现可持续发展提供更多的机遇。

表5.9中的公私合营模式,也就是国外普遍采用的PPP模式,是指是政府和企业在高速公路运营管理中的合作。采用PPP模式,高速公路资产属于政府,在公路的运营管理中引入社会机构,通过公私合营,可以发挥公共机构和社会机构各自的优势,弥补双

方自身的不足，节约高速公路项目的建设和经营成本，同时有助于提高高速公路的服务的质量。在公私合营的商业模式中，由于政府或公共部门需要向特许经营公司收取一定的特许经营费，并给予一定的收益保证，这就需要政府管理部门或者公共机构协调好投资企业的利润和公路项目的公益性之间的关系，因而，公私合营能否成功在很大程度上取决于政府相关部门的管理水平，取决于健全的法律、法规制度和规范的专业化中介机构。

我国高速公路未来创新商业模式 表5.9

模式	主 要 内 容	优 点	缺 点
公私合营	政府部门与公路企业进行合作，公路企业承担融资、管养和收取通行费，政府承担一定利润保证，保证企业有一定的盈利空间，原则上企业收益有上下限范围，低于这个范围政府补贴，高于这个范围政府与企业进行分红。	既保持公路的公益性，也给企业一定的利润空间，符合高速公路产业特征。新建项目也具有可行性，高速公路融资问题得以缓解。	政府对企业收益担保需要突破现有政策。
租赁经营	是高速公路的所有者与投资者之间通过订立合同而实现经营转移。出租者将项目的收益权交给承租人使用，同时有权规定高速公路的经营方向。投资者作为企业的经营者，支付租赁费用，享有对高速公路的经营管理权，并对高速公路的经营管理承担全部责任。	可以不进行资产转移，避免转让价格必须高于工程造价的约束，高造价的公路也可以市场化运作。租赁期限可以协商确定，给双方合作带来灵活性。	有可能与《收费公路权益转让办法》相冲突。

公私合营的模式是世界上高速公路特许经营国家普遍采取的一种商业模式，在我国，虽然在公共交通中，如公交、出租等行业存在这种模式，但由于我国高速公路仍处在建设高峰期，这种商业模式在高速公路运营中的应用还停留在理论研究阶段，有许多专家提倡我国采取这种模式。这种模式能否在中国应用，取决于高速公路建设进展和融资状况，随着我国相关制度、法律的成熟，高速公路建设任务的完成，公私合营的模式也可能成为我国

高速公路运营管理的一种可选商业模式。

租赁经营在我国其他行业得到普遍应用,在高速公路服务区的经营中也普遍采用,但在高速公路经营中还很少有租赁经营的案例。其实,高速公路特许经营本质上是租赁经营,是社会资本向国家租赁高速公路经营权的一种形式,而本文提出的租赁经营也只是对经营权转的一种拓展,除了租赁经营外,还包括承包经营、委托管理等商业模式。青岛海湾大桥公司租赁胶州湾高速公路说明租赁经营经营性高速公路的模式已经成熟,但将该种模式用在收费还贷公路上还需要进一步研究,需要对其适当的创新,规避一些法律上的障碍。

本文第三章中的高速公路特许经营相关商业模式,都会成为我国高速公路市场化可选的商业模式,这些模式在世界各地都有成熟的案例,也符合我国高速公路产业发展的相关政策,但在我国当前政策环境下,需要重点考虑以下模式:

首先,TOT、BOT仍然是我国今后高速公路投资的主要商业模式,这些商业模式相关政策成熟,运作案例较多。高速公路企业可以抓住地方高速公路行业出现的投资机会,通过经营权转让的模式投资高速公路项目。如,高速公路建设高峰期直接向地方高速公路集团收购成熟的优质公路项目;许多高速公路项目面临改扩建需要,社会资本可以先对其进行改扩建,然后可以转让或者租赁经营;将经济效益好的项目与经济效益一般的项目捆绑,也可以经营权转让与租赁搭配使用,实现投资收益的互相补偿。

其次,当前优质高速公路项目大多是建设较早、成本较低、区位较好的收费还贷公路,因此,当前需要重点研究政府收费还贷公路创新商业模式的可行性:①由于现有的收费还贷公路收益不均衡,需要交叉补贴,而且有些省份执行的是统贷统还政策和联网收费的政策,收费还贷公路在还清贷款后难以停止收费,都会按照收费还贷项目审批年限的最高期限进行收费，所以具有市场化运作的可能性。②国家只是限制或者规范收费还贷项目转变为经营性项目，限制的是转让和路产属性，只要不改变收费还贷属性，就不会违反国家的相关规章制度。在不改变公路属性的前提下，通过一种租赁或委托协议，政府可以一次性获得还贷资金，降低政府债务压力，而高速公路投资获得优质项目的投资机会，所以容易获得地方交通主管部门的支持，也有助于高速公路企业拓展业务。③政府还贷公路由于是事业性收费，人浮于事是普遍现象，而且运营单位并非经济实体，不存在严格的成本核算，所以运营效率低，而由专业化运营企业进行运营，通过专家经营、规模经济可以降低运营成本，加上事业性收费不交所得税，所以收费还贷公路市场化运作会产生一定的利润空间。目前有些地方在新建收费还贷项目过程中，也引进投资人，给予投资人一定的利润空间或者固定的收益，在一些成熟的收费还贷项目中也采取委托管理等模式进行运作，这些模式都是一种变通的运营模式，是在现有收费管理政策下的擦边球，能否成为一种新的商业模式主要取决于政府的态度，以及财务、法律的约束。

4. 业务范围

在我国高速公路建设高峰期，在相当长的一段时间内，高速公路企业会继续现有的经营范围，主要进行高速公路的运营管理，收取通行费，管理养护好高速公路，并为通行者提供优质服务，除此之外，高速公路企业还应该积极向高速公路相关产业拓展。

我国高速公路企业资产的特殊性决定了企业的投资范围暂时还难以完全按照利益最大化的导向进行选择，高速公路企业在追求利润的同时，还要考虑其资产属性，需要在公路建设与资本保值、增值中寻找共同点，既要承担所在地区高速公路投资建设的责任，也要以投资利益为目标，追求投资回报，单独追求社会效益和单独追求投资利益都不符合公路资产属性。

高速公路企业选择业务范围需要遵循以下四个原则:①公路运输领域。公路资产属性决定了国有公路资产或者上市公司的资金投向应该以高速公路为主,并在交通运输领域适当扩展。②资本密集型领域。公路产业是资本密集型产业,资金规模大,现金流稳定,只有资本密集性产业才能容纳高速公路庞大资产的投资要求。③稳定盈利能力的领域。高速公路企业是自主经营、自负盈亏的市场主体,实现资产的保值和增值是其基本要求,不论是地方高速公路集团公司,还是民营、外资高速公路,取得投资收益是资本的内在要求。④准公共产品领域。高速公路产业属于既有一定垄断性,又有一定竞争性的准公共产业,是一种防御性投资产品,投资者关注和青睐高速公路企业在于其稳定性,因此高速公路企业再投资应该选择稳定的准公共产品领域。

图5.16显示,从资产整合难度和协同效益来看,在高速公路领域中,高速公路企业应该进入高速公路养护、联网收费管理、停车场及出行服务等领域。

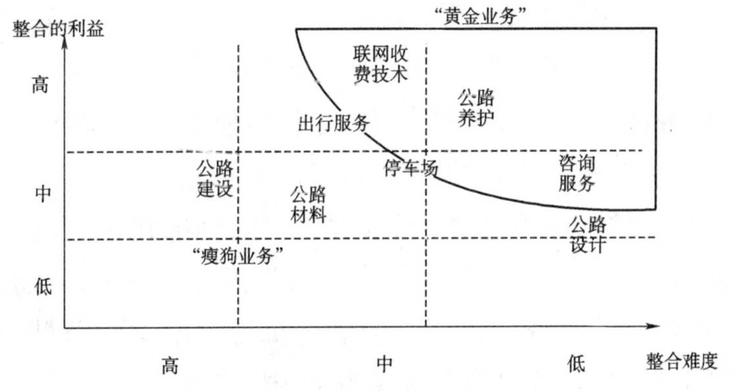

图5.16　高速公路衍生产业

(1)公路养护

前文已经论述,在高速公路经营期结束后,国家没有能力养护所有公路,我国高速公路将会采取低收费、收费养护的管理模式,高速公路养护能力将会是高速公路经营企业竞争能力的关键因素,也会是现有高速公路企业转型的主要方向。按照公路养护费用为建设成本2.5%的国际标准来计算,我国高速公路规划任务建设完成后,高速公路年养护费用每年在3000亿元以上,庞大的高速公路养护市场会成为高速公路企业新的利润增长点。此外,我国现有的养护企业普遍规模小,技术水平低,缺乏大型连锁化高速公路养护企业,市场集中度较低,便于新进入者进入。

(2)服务区连锁经营

目前高速公路服务区内的经营项目大都采用承包经营,由于高速公路的封闭性,高速公路服务区内的经营具有一定的垄断性,服务区存在资源浪费、服务模式单一、服务意识不够,服务性价比较低等问题。随着高速公路网络不断完善,分散化的高速公路服务区经营模式已经不能满足社会发展的需要,高速公路服务区需要向连锁化、规模化经营模式转变。首先,经过连锁标准化经营,高速公路服务区功能和服务质量会明显提高,服务区对司乘人员的吸引力将会不断提高,从而也促进整个高速公路的经营能力和盈利水平,使服务区成为高速公路产业投资的互补产业。其次,高速公路服务区蕴藏者巨大的利润空间,即使是目前服务区服务模式单一,但也有三分之一的服务区处于盈利,也有三分之一的服务区处于盈亏平衡,随着连锁经营的规模化、标准化、专业化服务形成,高速公路服务区的经济效益会进一步提升。最后,高速公路服务区还可以拓展业务范围,如,引进一批连锁经营经济型酒店、连锁经营餐饮店和连锁经营休闲娱乐品牌,将部分服务区转变成小型物流园区或者货物集散地,扩展成为商贸流通的重要平台等,这些新的服务功能会进一步提升服务区的盈利能力。

(3)电子收费系统

随着高速公路网络的逐步成型,高速公路联网收费的普及,高速公路电子联网收费将会是提升高速公路运营管理效率的重要措施,电子收费产品(ETC 及计重收费产品)将会成为高速公路企业一个新的投资领域。首先,不停车电子联网收费系统技术已经很成熟,如 RFID 技术,产品成本已经很低,可以大面积应用到高速公路运营管理中。其次,联网收费管理系统、ETC 产品、计重收费等电子收费产品投资收益率高,投资规模较小,与高速公路具有产业互补性,高速公路企业可以通过投资电子收费产业,拓展企业的业务范围。

(4)停车场

随着中国汽车保有量的快速增长,城市规模的快速扩大,城市停车难的问题已经成为中国城市交通的通病,投资停车场,进行停车场规模化、连锁化经营可以为高速公路企业拓展市场空间。首先,城市交通拥挤已经成为世界普遍问题,停车经济将成为解决城市拥堵的主要模式,因此停车行业产业发展潜力巨大。其次,我国停车市场供不应求,市场潜力大,我国机动车拥有量与停车位之比约为 5∶1,城市停车难问题非常普遍,国家也鼓励城市停车事业市场化、产业化,未来城市停车产业具有良好的投资价值。第三,随着城市规模的不断扩大,高速公路已经成为城市道路的一部分,高速公路运营管理与停车场具有很好的互补性。第四,我国缺乏规模化、连锁化的停车企业,高速公路企业可以凭借其强大的资本实力,与交通管理部门良好的合作关系,投资运营停车场具有一定的先天优势。

(5)其他基础设施行业

除了上述与高速公路产业密切相关的投资领域外,高速公路企业还可以拓展交通运输基础设施等其他产业,如机场、客运铁路专线、内陆港等产业。

第六章　招商局公路产业可持续发展案例

招商局集团(简称招商局)成立于1872年,130余年来,曾组建了中国近代第一支商船队,开办了中国第一家银行、第一家保险公司等,开创了中国近代民族航运业和民族企业的许多第一,在中国近现代经济史和社会发展史上具有重要的地位。

招商局是国家驻港大型企业集团,经营总部设在香港,业务主要分布于香港、内地、东南亚等区域,是中央直接管理的国有重要骨干企业,主要经营三大业务领域:交通运输及相关基础设施建设、经营与服务(港口、公路、能源运输及物流、修船及海洋工程)、金融投资与管理、房地产开发与经营三大核心产业。截至2008年底,招商局集团拥有总资产2012亿元人民币,利润总额139.2亿元(参见图6.1)。

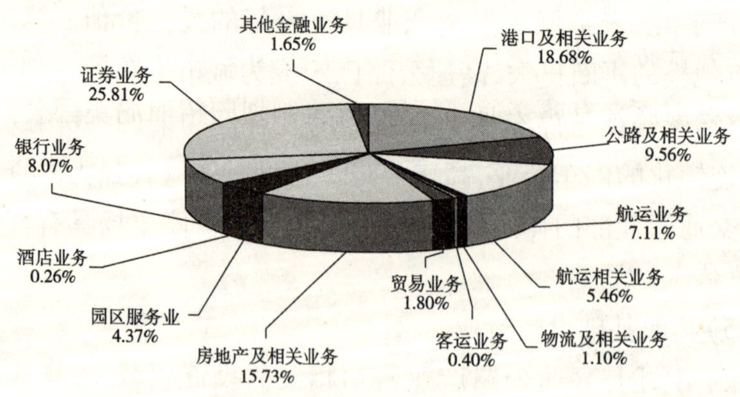

图6.1　招商局集团产业结构图

一、招商局公路产业发展状况分析

招商局公路产业包括华建交通经济开发中心(以下简称"华建中心")、招商局亚太有限公司(以下简称"招商亚太")两家公路投资运营企业和一家交通基础设施科研设计企业——重庆交通科研设计院(以下简称"重庆交科院")。三家企业的基本情况和特点如图6.2。

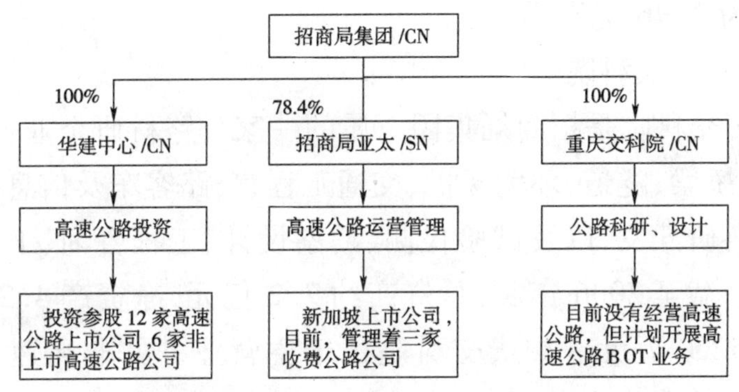

图6.2　招商局公路产业管理架构图

(1)华建中心

华建中心是1993年由交通部成立,对经营性收费公路中的中央投资及其收益进行集中管理的中央级国有独资企业。1999年,华建中心由原来直属交通部领导,成建制划归招商局集团公司,成为招商局集团属一级企业。目前,华建中心是招商局集团旗下规模最大的公路资产管理企业,是中国经营性收费公路投资管理公司中投资范围最广、参股公司最多的高速公路企业。截至2008年底,共投资参股高速公路公司18家,其中,公路上市公司12家,此外,华建中心还投资有一家港口企业和一家公路材料企业。截至2008年底,华建中心总资产约168亿元,净资产154亿元,净利润为13.14亿元。

(2)招商亚太

招商亚太是新加坡上市公司,也是招商局集团唯一拥有绝对控股权的公路上市公司,与华建中心资产不同,招商亚太是招商局集团自有资金投资形成的完全竞争性资产。招商亚太持有国内3个公路项目公司的股权,分别为桂柳高速40%的股权,贵黄公路60%的股权,余姚公路60%的股权。截止2008年底,招商亚太总资产为38.9亿港币,净资产为37.3亿港币,净利润为2.96亿港币。

(3)重庆交科院

重庆交科院是招商局集团下属的一家公路科研企业,主要从事道路、桥梁、隧道、环境保护、交通工程、公路客车及信息技术等领域的科研开发,以及试验检测、勘察设计、工程咨询、工程监理等业务。截至2006年底,总资产约7.2亿元,净资产4.2亿元,净利润5200万元。重庆交科院由于主营业务并非高速公路投资、运营,并非公路产业经营,不是本文研究的重点,此外,招商局控股的漳州开发区正在投资建设厦漳大桥,由于该项目属于政府还贷项目,因此,漳州开发区厦漳大桥管理公司也不是本文研究的范畴。

本文主要对象是招商局集团公路投资、运营资产,主要针对华建中心和招商亚太投资、运营的经营性高速公路业务。2008年年底,招商局集团内部进行了公路资产整合,将招商亚太的股份转让给华建中心,目前正在办理相关转让手续。自此,招商局集团公路资产主要是指华建中心的公路资产,招商局公路产业的可持续发展问题也就是华建中心的可持续发展问题。

图6.3显示,在收购招商亚太股权后,华建中心投资运营管理的高速公路(桥梁)公司达到19家,其中上市公路公司13家,非上市公路公司4家,两家非上市公路公司股权有待进一步明确。

公路资产在招商局集团的资产组合中占据重要作用:①资产比重,2008 年底,公路产业总资产 213.45 亿元,占集团总资产 2011.57 亿的 10.61%。②盈利比重,2008 年,公路业净利润为 16.62亿元,占集团净利润 84.5 亿元的 19.67%。③经常性现金净流入的比重,2008 年,公路业经常性现金净流入 7.76 亿元,占集团经常性现金净流入 69.8 亿元的 11.12%。④有息债务的比重。过去五年公路业的债务总量占集团总债务的比重不到 1%,债务率极低,对降低招商局集团债务负担发挥了重要作用。

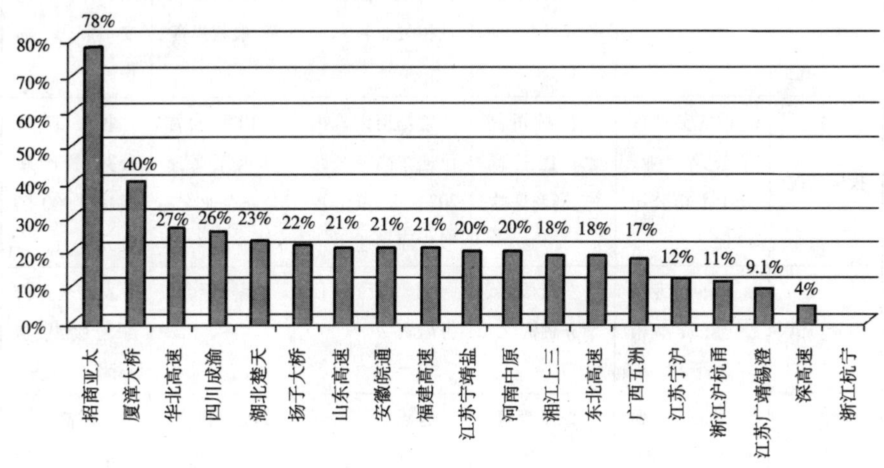

图 6.3　招商局公路产业股权结构

二、招商局公路产业市场竞争能力分析

招商局公路产业主要是华建中心经营管理的经营性公路资产,主要竞争对手包括地方高速公路集团公司、高速公路上市公司、基础设施建设企业、保险公司、民营企业及外资企业,与这些竞争对手相比,华建中心既有一定的优势,也有一定的劣势(见表 6.1)。

华建中心与主要竞争对手对比 表6.1

指标	华建中心	沪杭甬高速	河南高速公路发展有限责任公司	平安保险	麦格理基建
单位性质与行业地位	对经营性收费公路中央权益进行集中管理的大型国企	国内资产规模最大的公路上市公司	国内经营高速公路里程最长的地方高速集团公司	国内交通基础设施最有力的投资者	国外著名的交通基础设施投资公司
主营业务领域	高速公路股权投资,经营管理	高速公路运营管理,服务区经营、证券业	高速公路建设、经营管理以及相关业务	公路基础设施债券投资、股权投资	公路、机场、停车场等交通基础设施
投资情况	投资参股19家公路企业,其中上市公司13家	沪杭甬高速、上三高速、浙商证券	管辖河南省内已通车高速公路2023公里。控股中原高速	山西太晋等六家高速公路企业	投资37条公路,资产规模超过900亿美元
融资方式	车购税专项资金、资本市场融资	发行股票、债务融资	财政资产,债务融资	保险资金	发行基金份额与股票,与财团联合投资
运营模式	派董事、监事参股管理,少数控股管理	直接投资、运营管理	建设、投资、运营管理	股权投资,派董事与监事参与管理	选派高管直接管理,或派董事参与管理
核心竞争力	投资管理、政府代理、市场拓展	资本市场融资、项目公司运营管理	项目建设、运营管理	资金规模、财务成本	专业化管理、国际化融资

1. 竞争优势

(1)是我国唯一的在全国范围投资且自主经营的公路企业

华建中心是国内投资范围最广的跨区域高速公路投资、运营企业,而且隶属招商局集团,具有经营自主权,而其余的高速公路公司大多数是区域性公司,受地方政府的制约很强,投资主要限于本区域内。

表6.2显示，在收购招商亚太股权后，华建投资高速公路公司达到19家。管理路产分布在全国17个省市，共经营收费路桥73条(座)，合计通车里程5788公里，其中高速公路5352公里，占已建成高速公路的8.88%。

华建中心公路投资范围 表6.2

区　域	省　份	里程(公里)
东部沿海(67%)	江苏	859
	山东	661
	广东	541
	福建	663
	浙江	726
	华北	143
	东北	308
	小计	3901
中部(19%)	安徽	426
	湖北	169
	河南	463
	湖南	35
	小计	1093
西部(14%)	四川	392
	广西	363
	贵州	39
	小计	795
合计		5788

(2)经过多年积累，已具备一定的规模，每年有稳定的投资收益

华建中心经营管理的公路路产大多集中在东、南部沿海地区，这些地方经济相对发达，公路运输量相对较大，具有较强的交通区位优势。所投资的路产多为国家或地方干线公路，均属于优质公路资产，除个别处于建设期或营运初期的公路项目外，多数公路项目处于快速发展期，财务结构良好，投资分红稳步增长，现金净流

量充裕，具备良好的盈利能力。

图6.4显示，受益于参股公司的快速发展，近六年（2002～2008）华建总资产和净资产翻了一番，年平均增长率达到10%与12%，截至2008年底，华建总资产达168亿元，净资产143亿元。由于招商局集团公路产业整合是通过交易的模式进行，并非资产划拨，因此，整合亚太后，华建中心总资产和净资产只增加约5%左右，达到176亿元。

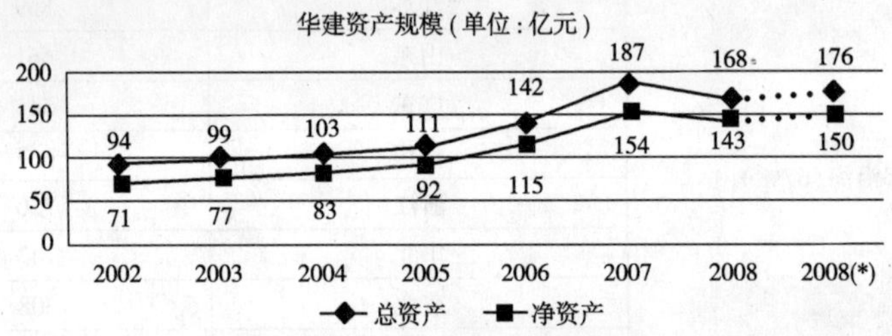

图6.4　华建中心资产及权益增长情况

图6.5显示，近六年（2002～2008）华建净利润与投资分红也保持了较快的增长，平均增长率达到25%与21%。2008年净利润和投资分红分别达到13.14亿元和8.22亿元。整合亚太后，净利润和投资分红分别达到15.73和10.81亿元，分别比整合前增长20%和31%。

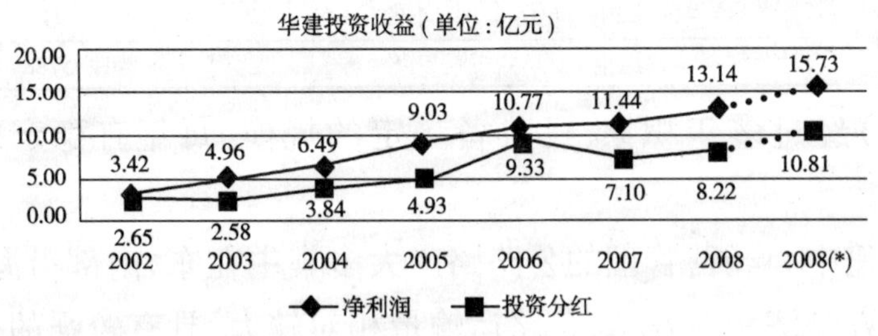

图6.5　华建中心净利润及投资分红增长情况

（3）财务状况良好，资产负债率低，具有较好的融资基础

华建中心现有资产多数是交通部车购税资金投资地方高速公

路形成的资产。在华建中心成立至今，除了按照返投要求，跟随性的投资个别项目外，一直没有进行新项目投资，也没有进行过债务融资。因此，华建中心财务状况良好，负债率极低，具有较好的融资基础。

表6.3显示，不论华建中心还是招商亚太，财务状况良好，资产负债率较低，资产结构较为稳健。招商局公路产业整合完成后，华建的资产负债率也仅为15%，扣除集团置换资产形成的负债后，有息债务率为零，还持有大量现金。不论与地方公路投资集团公司相比，还是与地方公路上市公司相比，除华北高速外，华建中心的资产负债率最低，具备较好的融资基础。

华建中心资产负债率（单位：万元，2008年12月）　　表6.3

指标	华建中心	招商亚太	合计
总资产	168.01	34	176
总负债	24.78	1.36	26.14
资产负债率	14.75%	4.00%	15%
有息负债率	0	1.17%	0

（4）与交通运输部及地方交通部门建立了良好合作关系，有浓厚的政府背景

华建中心具有良好的行业基础：①华建中心是交通部在1993年成立的交通资产管理公司，目的是代交通部管理中央投资交通基础设施形成的经营性资产和相应权益。目前，华建中心的公路资产大都是交通部车购税投资地方高速公路建设形成的权益资产。②招商局集团曾经也是归属交通部管理，划转到国资委管理后，仍与交通部保持良好的关系，1999年，华建中心划归招商局后，进一步加强了招商局集团与交通部的良好合作关系。③华建中心目前仍受托管理交通部部分公路资产和公路资产证券化，依然承担着交通部市场化平台的职能，与交通运输部有进一步合作的前景。④华建中心在全国17个省市参股管理19家高速公路公司，

多年来建立了良好的合作关系，在公路项目投资管理方面具有一定的优势，各省也都积极向华建中心推荐优质公路项目。⑤中国高速公路运营分会设在华建中心，学会与地方交通主管部门和高速公路集团公司联系密切，在行业中具有一定的影响力。

在初步整合完公路资产后，招商局集团也计划进一步整合集团内公路资产，计划将重庆交科院与华建中心进行整合。届时，从政策研究、规划设计到项目投融资、运营管理，招商局公路产业将覆盖高速公路产业链的多数环节，在行业内，具有明显的专业化竞争优势。

2. 竞争劣势

(1)股权比例低，资产效益较低，只能被动投资

华建中心投资参股的19家高速公路公司，除招商亚太外，没有一家达到绝对控股地位，股权比较分散。

从表6.4可以看出，不论从资产，还是收益，权益法核算的公司对华建中心贡献巨大，比较而言，成本法核算的企业，贡献相对较低。

华建中心参股公司利润贡献(2008年数据)　　表6.4

会计核算方法	类别	归属华建净资产	净资产比例	华建中心净利润	利润贡献率
权益法核算	上市公司	67.8	44%	7.6	66%
	非上市公司	10.64	7%	0.78	7%
成本法核算	上市公司	38	25%	2.6	23%
	非上市公司	37.4	24%	0.53	5%
合　计		154	100%	11.4	100%

图6.6显示，华建中心净资产收益率为7.3%，低于国内高速公路上市公司的平均水平(10.2%)，主要原因有：①华建中心采取成本法核算的股权投资项目占了很大的比重，投资收益的高低与参股公司的分红比例紧密相关，参股公司的利润增长则难以通过

分红得到完整的体现，所以投资收益率较低。若除去成本法核算的项目，华建中心按权益法核算的公路项目的平均净资产收益率为10.6%，略高于行业平均水平。②华建中心资产负债率低，没有充分利用财务杠杆的放大效应。③实行新企业会计准则后，对于成本法核算的上市公司资产，作为可供出售的金融资产按照公允价格计算，受股票市场波动影响，使得净资产变动幅度较大，当净资产的公允价格高于净资产原值时，净资产收益率就会降低，这是2007年以来华建中心投资收益率较低的原因之一。

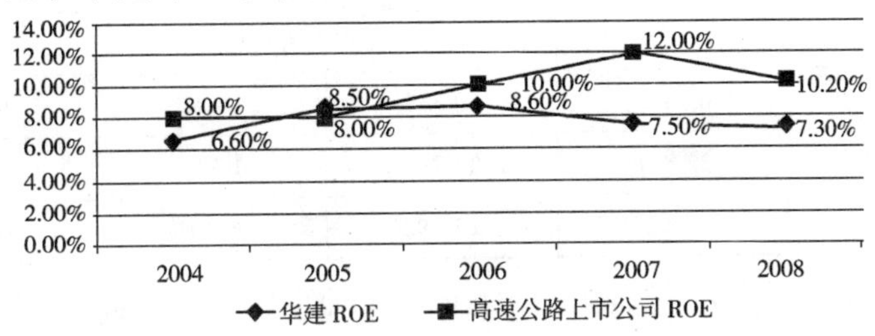

图6.6　华建中心净资产收益率与上市公司比较

(2)投资收益属地化制约分红催收及再投资行为

按照交通部《关于华建交通经济开发中心所持华北高速等公司股权收益使用问题的复函》的规定，华建中心投资收益原则上要按照五年为周期投资到收益来源的省份。由于近年来除福建三明高速外，华建中心并没有向分红来源省份进行投资，所以，目前许多省份已明确要求华建中心将该省份收益再投回本省。

表6.5显示，近五年，华建中心在江苏、浙江及山东三个省份获得21亿元的投资分红，占全部投资分红的70%。目前江苏省和山东省已经明确要求华建中心将投资收益回投该省，如果华建中心仍然对这些区域不进行投资，这些省份可能会扣发华建中心以后年度的投资分红。福建高速每年的投资分红都已提前谈好项目投资去向。由于高速公路成本的大幅攀升，五年为投资周期对优

质项目来说依然是杯水车薪，如果被动投资局面不能改变，华建中心今后发展将会越发艰难，投资收益也会进一步下滑。

华建中心近5年主要区域投资分红(单位:万元)　表6.5

省份	总资产	净资产	净利润	近五年分红合计
江苏	512 113	317 754	21 240	83 267
浙江	276 560	217 040	12 873	69 169
山东	249 131	177 698	24 886	59 246
福建	130 249	74 512	12 963	36 572
安徽	154 555	96 763	10 825	31 362
四川	195 382	134 840	12 537	12 623
深圳	63 382	30 337	1 134	6 305
广西	32 884	24 982	1 734	6 290
合计	1 614 256	1 073 927	98 191	304 833

(3)部分股权面临摊薄、虚化的风险，现有经营模式难以为继

在19家公路公司中，除招商亚太和华北高速外，其他参股公司中华建所占股权比例较小，由于股权分散、控制力较弱，近年来部分股权面临摊薄、虚化的风险：①参股公司增资扩股，导致华建中心股权被摊薄，部分公司由权益法转变为成本法核算，华建中心投资收益会大幅度降低，如福建高速、山东高速、安徽皖通等公司都正进行增资扩股。如果华建中心持有的股份比例由20%以上被稀释到17%，华建中心将不能维持权益法核算，当年的投资收益将减少约2.78亿。②作为参股股东，华建中心无力约束被投资企业的再投资行为，近年来屡屡出现参股公司投资政府还贷公路，致使华建中心权益无法得到确认，如扬子大桥公司投资的泰州大桥、福建高速投资福建三明高速等。③由于不占控股地位，华建中心被迫投资各省指定的一些新建项目，当这些项目走出培育期开始盈利时，地方高速集团又要求其投资新项目，循环往复，由于后建项目普遍成本高，流量小，难有收益，导致华建中心权益逐步流失。

(4)如果没有新资产注入,招商亚太业绩将会大幅下降

如图6.7所示,由于优惠期逐渐结束,招商亚太投资的桂柳高速、贵黄高速按合同约定将调低招商亚太的分配比例。2010年桂柳高速分配比例由90%降低到持股比例的40%,2015年贵黄高速分配比例由100%降低到持股比例的60%,受此影响,2010年招商亚太利润贡献会大幅降低。此外,现有公路经营超过10年,进入大修期,经营成本逐步加大,如果没有优质公路资产的注入,招商亚太的经营业绩将会大幅下滑。

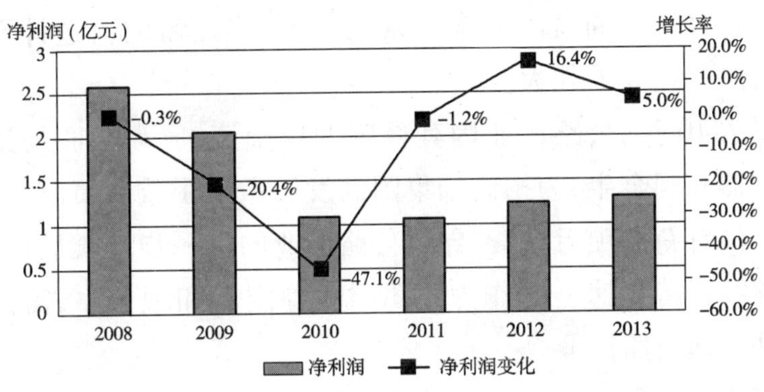

图6.7　招商亚太未来业绩预计

整体而言,华建中心股权分散、投资属地化政策成为其进一步发展最大的制约,解决这些问题必须对现有资产进行整合。择机增持部分股权,退出部分不盈利的公路项目,同时变被动投资为主动投资,通过集中投资的模式进行外延式扩展,培育新的利润增长点。华建中心拥有的全国性投资、专业化等优势,如果能抓住行业发展的机会,建立扩张性发展战略,可以在短期内发展成为国内高速公路行业的领先者。

三、招商局公路产业可持续发展战略

招商局公路资产主要是华建中心持有的以中央车购税投资地

方形成的中央权益资产，这部分资产具有专用性，国家规定华建中心持有的公路资产所产生的收益只能投资于公路行业，不能挪作他用，因此，招商局集团公路产业必须按照国家的相关要求，继续发展公路产业。

虽然公路产业的投资收益率低于地产、金融等高收益产业，但高速公路投资具有投资风险低、现金流稳定、毛利率高、分红率高等特征，与集团其他高收益、高风险的产业具有一定的互补性。公路产业是招商局集团整体战略的重要组成部分之一，发展高速公路产业符合招商局集团的未来发展规划，集团新的再造计划同样要求公路产业发展壮大。

过去 10 年，公路产业因其稳定的现金流，成为招商局集团财务稳定器和现金牛，为招商局集团的发展做出了重要贡献，但由于近几年没有新的项目投资，导致公路产业的进一步增长后劲不足。为了继续保持高速公路作为集团财务稳定器和现金牛，需要进一步发展高速公路产业。

当前高速公路出现结构性投资的战略机遇，招商局公路产业需要对此认真研究，建立公路产业的经营战略。而制定招商局公路产业的发展战略，需要对企业的内外部环境进行 SWOT 分析，分析企业竞争优势及劣势、外部机遇及威胁，然后根据招商局集团总体发展战略制定公路产业的发展战略，具体分析过程见《华建中心发展战略研究》。

1. 战略定位

华建中心最初是交通部成立的公路市场化融资与管理平台，在划归招商局集团以后，华建中心虽然转变为商业组织，但仍然承担着一定的政府代理职能，目前还受交通部委托，代管两个公路上市公司，而且还承担着交通部公路资产证券化等业务。在华建中心新的发展战略中，除了要加强市场化拓展职能，更要加强政府代理职能，取得交通部的进一步支持，进一步发挥交通部市场化平台的作用。

首先，高速公路属于特许经营产业，并非完全竞争市场，政策对高速公路影响力大，如果没有政府的支持，完全通过市场化运作，高速公路企业经营将非常困难，而拥有政府资源、获得政府支持的高速公路企业才能得到较好的发展。外资及民营资本在中国高速公路市场上微不足道，说明国家高速公路需要国有资本为主导。而华建中心过去作为交通部公路市场化平台，在行业内拥有巨大的影响，在项目获取、行业代言方面具有一定的优势。因此，华建中心应该抓住费税改革带来的机会，积极发挥交通部公路市场化平台的功能，发挥政府代理职能，在为中国高速公路市场化做好服务的同时，企业也会获得更好的投资回报。

其次，高速公路属于地域性很强的固定资产，路政、交通等属于地方，收费经营活动接受地方交通管理部门管理，在多年与地方交通主管部门的合作中，华建中心与地方交通主管部门建立了良好的关系，各地在与华建中心合作过程中比较配合。一旦招商局公路成为完全市场主体，或没有任何政府色彩，招商局公路产业在各地的投资优势就大大缩减。如平安保险，虽然在全国投资了六条优质高速公路，但在项目管理过程中，在资金分配出现了许多问题。

最后，随着我国高速公路网络逐步成型，公路路产的网络化与管理主体的分散化矛盾会逐步显现出来，高速公路网络化要求管理主体的规模化。虽然在高速公路建设高峰期，国家为了激励各地的积极性，以地方为主体建设高速公路，但随着高速公路网络的逐步成型，高速公路建设任务的完成，国家高速公路网络统一管理成为可能，届时，国家高速公路属于战略资源，需要国有资本为主导,因此,国家需要一个全国性的高速公路管理公司,而华建中心作为交通部高速公路市场化融资管理平台,具有先天优势成为国家高速公路管理公司。

目前招商局集团准备打造招商公路品牌,希望如招商地产、招商轮船、招商银行一样,打造一个市场认可程度高的公路专业化品牌。从市场竞争的角度来看,打造专业化品牌是非常有必要的,也会成为将来公路市场重要的准入资格,但如上述分析,在当期的环境中,获取优质公路资源方面,品牌还难以成为竞争优势,在公路行业,华建中心的品牌比招商公路更有竞争力,更有影响力。因此,招商局公路产业发展战略定位中需要将市场化拓展和政府代理职能有机统一,在经营性公路资产的管理中突出招商公路品牌,而投资参股、政策研究等还应该保留华建中心的品牌。

2. 发展战略

企业内外部环境的 SWOT 分析显示,华建中心在高速公路行业内具有明显的竞争优势,但也存在一定的经营困境。而当前我国高速公路行业内存在着结构性投资机遇,虽然存在着一定的不确定性,但整体而言,投资机遇远大于投资风险,华建中心具备建立积极、进取的发展战略基础。

招商局集团多次明确提出支持高速公路产业发展的思路。在招商局集团新的再造工程中,计划“用 5 年时间再造一个招商局,把招商局建设成为一个具有国际竞争力的和谐企业,并且在规模、效益、质量方面得到均衡发展”。“集团的港口、公路、能源运输业务应在规模和效益上成为行业的领先者”。招商局集团希望在新的再造工程中公路产业发挥更大作用。

虽然在金融危机爆发后,招商局集团的盈利在 2008 年出现了 2001 年以来的首次下降,招商局集团也随之提出“一扛二看抓管理”的工作思路，暂停了多项投资项目，以保稳定、抓管理、观察研究为主。招商局集团公路产业在短期内重点工作是进行资产整合，存量资产优化，并积极观察形势，把握环境变化，一旦宏观经济形势趋好，高速公路产业稳定的投资收益仍然是招商局集团的一个重点发展方向。

(1)战略目标

结合招商局集团对公路产业的要求，经过专家论证，确定了华建中心战略目标，计划将华建中心发展成为“中国领先的公路基础设施投资运营商”。

目标定位为“领先的”，是指华建中心要在公路基础设施的投资与运营方面成为行业的领先者。虽然规模对行业领先非常重要，但招商局公路追求的领先不只是规模的领先，华建中心追求的领先是能力领先，是社会认可，是在行业研究判断能力、资本运作能力以及运营管理能力方面的领先。

从图6.8～图6.11可以看出，截至2007年底，招商局公路与国内16家高速公路上市公司对比，华建中心总资产规模排名第2位，净资产排名第1位，净利润排名第2位，说明招商局公路资产具有一定的规模，具备成为行业领先的基础，但净资产收益率排名第15位，说明资产收益相对较低，需要进一步优化资产结构。

(2)业务范围

从地理范围上，招商局公路产业的范围定位为“中国”，是指华建中心未来业务发展主要集中在国内。主要原因是：①国内运输需求旺盛，高速公路车流量增长较快，发展潜力大。②国内高速公路只完成了规划任务的43%，未来投资空间巨大。③华建中心目前的业务全部分布在国内，而且是在全国范围内，今后的发展方向也要在全国范围内。

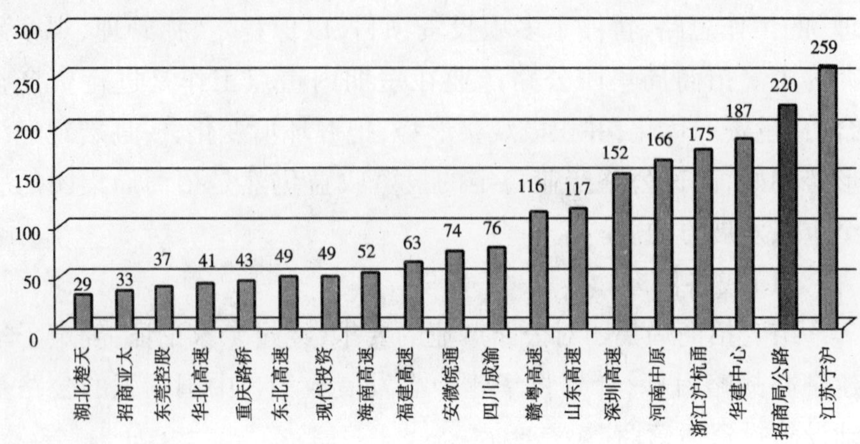

图 6.8　招商局公路与上市公司资产对比(单位:亿元,数据 2007 年)

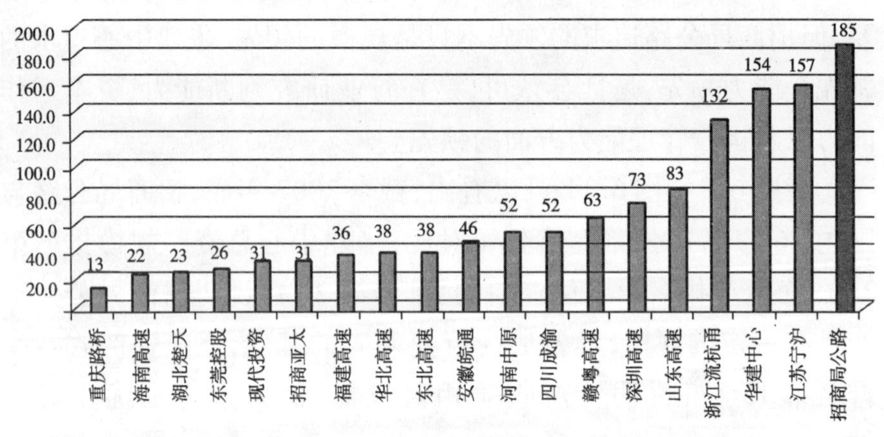

图 6.9　招商局公路与上市公司净资产对比(单位:亿元,数据 2007 年)

从产业范围上,经营领域定位为“公路基础设施”,是指华建中心未来的经营领域是公路及其附属设施,不进入港口行业,也不进入运输等其他相关行业,公司的目标是高速公路专业化投资运营,主要原因包括:①华建中心的主要业务是投资参股公路公司,主要经营对象是收费公路及其附属设施,在高速公路投资、运营领域具有竞争优势,在其他领域不具有优势。②华建中心的资产主要是车购税投资形成的财政性资产，具有资产专用性，必须投资公路基础设施，在高速公路建设高峰期，国家不允许投资其他产业。③公路基础设施投资收益较为稳定，现金流量充足，抗经济周期性好，是招商局集团整体产业布局中的财务稳定器。④招商局集团已经有单位经营了港口、物流、运输的交通领域，不会允许华建中心再进入上述领域。

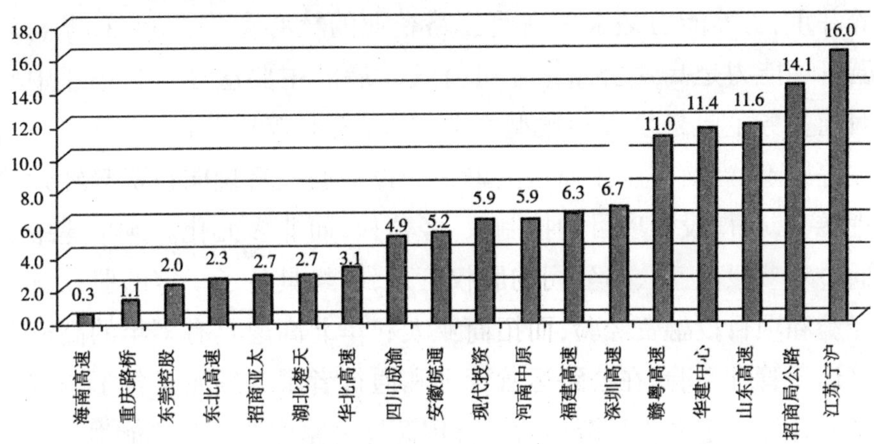

图 6.10　招商局公路与上市公司净利润对比（单位 亿元，数据 2007 年）

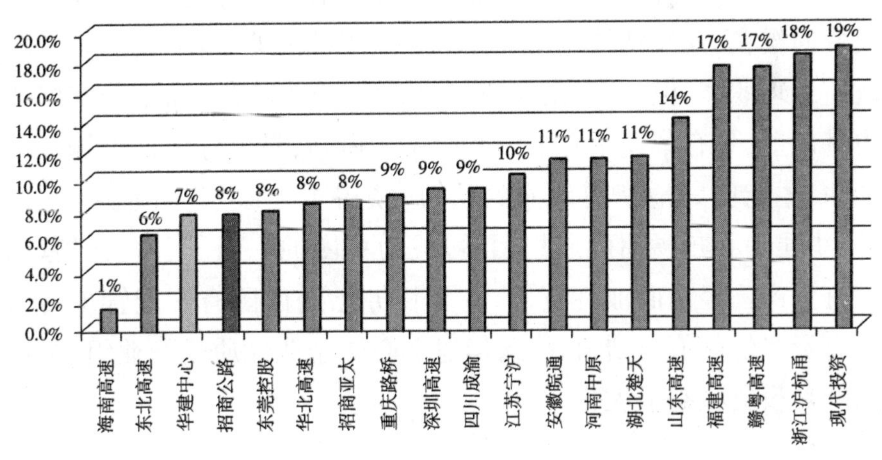

图 6.11　招商局公路与上市公司净资产收益率对比（数据 2007 年）

从产业链上，企业细分市场定位为“投资、运营”，是指华建中心主要经营业务是公路基础设施的投资与管理，不参与建设、原材料等业务。主要原因包括：①公路基础设施的材料、建设领域竞争激烈，华建中心不具有竞争优势，而且与华建中心现有主业差异较大，纵向一体化难度大。②我国公路产业正在由重建设转向建设与管养并重，管养能力是未来高速公路企业的核心竞争力所在，提高运营管理能力是高速公路企业可持续发展的主要途径。③华建中心目前业务主要是投资参股型企业，面临着股权摊薄、虚化及权益流失等风险，当前重点任务是由单一的投资股权管理向投资与经营管理转变，获得投资项目的控制权、经营权，而非多元化。④华建中心通过对参股高速公路公司的股权管理，已经具备了一定的股权管理经验和项目投融资经验，而招商亚太和华北高速具有多年的高速公路运营管理经验，在公路运营管理和通行者服务领域具备了一定的基础，因此，定义为投资运营符合招商局公路产业的竞争能力。

(3)企业性质

企业性质定位为“商”，是指华建中心作为一个企业，需要追求投资回报，实现经济效益最大化。虽然华建战略定位中，需要发挥政府代理职能，但是，国家代理职能的发挥建立在公路市场拓展能力基础上，只有华建中心公路产业做大做强，具有强大的市场开拓能力，才能更好地获得政府的认可，获得更多政府代理业务。此外，华建中心归属招商局集团后，成为集团的一级子公司，经营的国有资产已经是商业性资产，主要任务已经由国有资产管理转为国有资产的保值与增值，因此华建中心的企业性质是商业组织，追求的是投资收益最大化。

3. 融资模式

在融资方面，由于公路产业作为招商局集团的一个重要板块产业,所有的债务融资都要与招商局集团进行报表合并,因此,大规模债务融资会增加招商局集团的财务风险,不符合招商局集团的整体发展战略,因此融资模式主要通过产业基金或公司上市融资的模式。

(1)产业基金模式

以华建中心为主体,联合平安保险等具有强大资金资源的国有控股金融机构,共同发起设立基金管理公司,通过募集保险、社保、邮储等中长期资金,以建成通车的高速公路存量资产为主要投资对象,并通过中央权益的适当风险保障机制,平衡资金供需双方的利益诉求,从而通过基金的平台有效引导社会资本以股权方式集中投资公路基础设施。

通过基金的模式,对交通管理主体来说,可以盘活高速公路存量资产,筹集公路建设资金。对保险等资金来说,获得稳定、安全的投资渠道,解决大额资金投资问题。对于招商局集团而言,在不大幅增加自有资金投资的情况下,可以极大地扩大管理公路的资产规模,实现公路产业的战略目标,产业基金的融资模式可以一举三得,实现多方共赢。

随着相关政策的完善,由华建中心成立高速公路产业基金具有现实的可行性。首先,由于历史渊源,华建中心和交通管理部门建立了良好合作关系,由华建中心牵头成立产业投资基金容易受到政府的支持。其次,招商局集团是全国最大的交通运输企业,华建中心是国内投资范围最广的高速公路投资商,拥有优质的公路资产,稳定的投资收益,良好的社会公众形象,容易给投资者一种信任感。最后,华建中心拥有一批高速公路行业投资经验的专家队伍,对高速公路项目评价,对基金的投向、投资风险的控制有一定的优势。

(2)公司上市的模式

以华建整体上市或者利用投资的项目公司上市，通过股票的模式，在资本市场融资，进而投资高速公路项目的模式。

虽然华建中心持有 13 家高速公路上市公司的股权，但除了招商亚太外，缺乏控制性公路资产项目，难以在资本市场上独立运用股权融资的方式筹措资金。此外，由于华建中心的净利润和投资分红主要依靠参股公司，收益的不独立性及存在二次上市的制约，华建中心公路资产目前尚不具备整体上市的基础。因此，公路上市融资的模式主要通过发挥招商亚太上市融资平台功能，或者控股华北高速公路后，发挥华北高速的市场融资功能。具体路径为：首先，华建中心择机将部分优质资产注入招商亚太，增厚招商亚太业绩，获得市场投资者的进一步认同。其次，利用招商亚太负债率低，财务结构稳健的优势，在新加坡市场通过增发、发债、银行贷款等融资渠道募集资金进行优质公路项目投资。此外，华建中心作为华北高速的第一大股东，具有一定的控制力，也可以通过华北高速的融资平台进行融资。

高速公路投资额大，仅靠自有资本滚动发展是难以有所作为，利用资本市场是集团公路产业进一步发展的必然之路，基金的模式与路产上市的模式都是可以采取的路径，二者各有优势，也各有劣势。

表 6.6 显示，基金模式与公路资产模式各有自己的优势，也各有不足之处，如果将二者有机结合，基金和上市公司可以在项目投资、资产运作方面互动，共同进行公路产业投资与经营，如麦格理基础设施集团的合订证券，可以创造出一种双赢的商业模式，如，在公路资源获取过程中，对一些需要培育的公路项目，可以由基金先行培育，等项目成熟后通过溢价的方式装入上市公司，一方面实现了基金的战略退出与获利，另一方面也有利于上市公司的业绩平稳。

招商局公路产业融资模式对比　　表6.6

	路产上市的模式	产业基金的模式
优势	①收购亚太股权后，华建中心的公路资产在公路上市公司中，资产规模较大，整体上市后，具有一定的规模优势，具备了成为国内领先的基础。②上市公司可以规范企业治理结构，提高企业管理水平，有效激励管理层。③资本市场募集资金规模大，程序简单，有利于快速提高公路资产的投资水平。	①交通基础设施建设资金短缺，成立基金符合交通运输部的需要，容易得到政府的支持。②我国保险资金规模巨大，投资渠道逐步放开，通过基金的模式符合保险资金的要求。③招商局公路产业专业化优势，对投资项目评价，项目管理有一定的优势，容易得到市场认可。④基金属于表外业务，基金的资产负债水平不与招商局集团合并报表，因此基金的模式对招商局集团财务压力较小。
劣势	①华建中心现有股权资产大多已经上市，证监会不支持类似资产再上市。而将现有资产注入上市公司，也由于市场估值及二次上市，有一定的难度。如果新投项目上市，则难以与现有上市公司的路产相比拟，所以投资收益能力与现有上市公司相比不占优势，市场的认可程度可能不占优势。②上市公司业绩的提升在于不断地资产注入，而华建控制性资产有限，难以不断将优质资产注入到上市公司。	①产业投资基金还处于试点阶段，政策法律还没有完全正式出台，基金（股权投资）相关明确政策还需要一段时间才能推出。②现有的产业投资基金基本上仍处于政府主导，如果是募集资金在50亿元以上，还必须经发改委审批。③目前保险资金的股权投资仍然属于试点阶段，保险资金大规模股权投资还受到一定的限制。④传统基金操作模式与公路产业特征有一定的差异，如短期投资与长期投资，参股投资与控股投资，负债率水平，投资额占募集资金比例等方面必须有所突破。

在当前经济萧条、资本市场低迷之际，在招商亚太还难以有效融资的时候，应该加快产业基金的进程，尽早发起设立公路产业基金，抓住行业发展机遇，通过公路基金、华建资产管理、亚太上市相互配合，共同获得市场竞争的先机，实现招商局公路产业行业领先的战略目标。

4. 发展路径

图6.12说明，除了政府支持外，高速公路企业市场竞争的核

心能力是研究判断能力、资本运作能力和高速公路运营管理能力。研究判断能力、融资能力是高速公路建设高峰期高速公路企业核心竞争力,但到高速公路建设完成后,融资问题逐步解决后,高速公路行业管理也会由建设向管理转变,向服务转变,此时,高速公路企业的核心竞争力是高速公路管养能力,因此,从长远的角度来看,高速公路企业发展目标应该是高速公路管理公司。

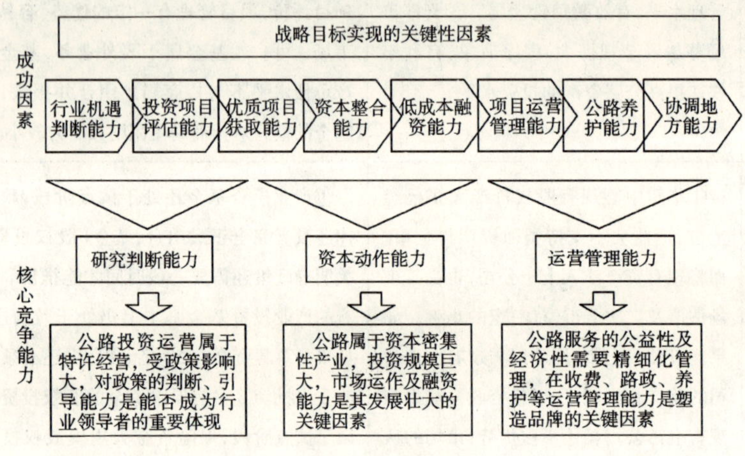

图6.12　高速公路企业核心竞争力

图6.13说明,招商局公路产业发展最终目标是成为全国性的高速公路管理公司,实现高速公路管理技术的输出,以高速公路运营管理作为产业可持续发展的主要依托。战略目标的实现主要是从研究、融资、运营管理三个方面推进。

(1)把华建中心打造成为高效的公路投融资平台

公路属资金密集型产业,资金需求量大,投入集中,大量的资本支出仅靠自有资金很难实现,因此公路投资必须通过多种方式向外部投资者融资,募集到充足的社会资本后再以集合的方式投向公路产业。

如图6.14所示,要成为投资者高度信赖,资金筹措能力、项目投资能力和资产管理能力领先的高速公路市场化投融资平台,需要分三步走。第一步，招商局集团公路产业整合后，由华建中心将现有资产注入招商亚太，或者招商亚太投资新项目等方式提升上市公司的业绩，等时机成熟时进行市场融资，并积极投资高速公路

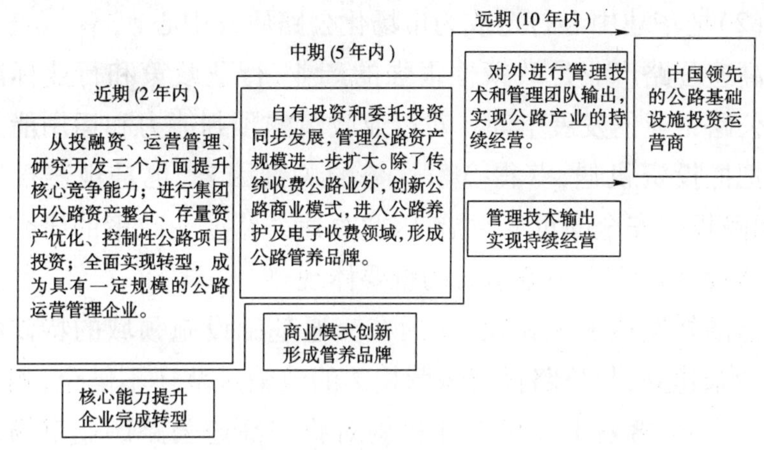

图6.13　招商局公路产业发展目标及路径示意图

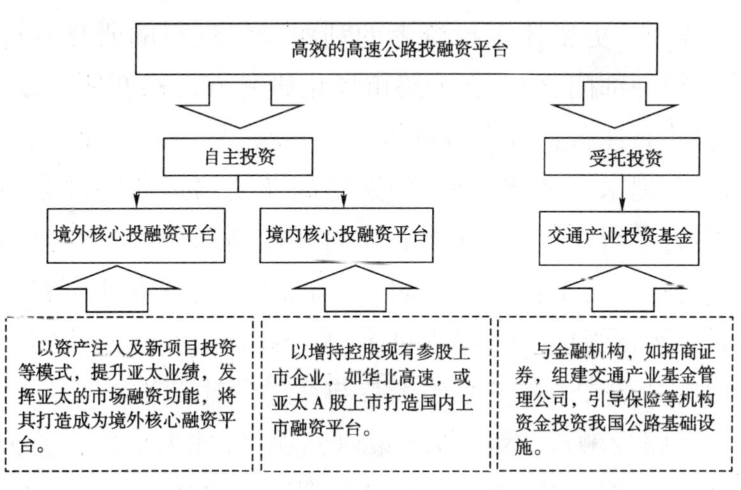

图6.14　打造华建中心融资平台的框架结构图

项目。第二步，抓住费税改革出现的机遇，与专业金融机构合作成立交通产业基金管理公司，引导保险等外部资金投资高速公路，使华建中心成为社会机构投资中国高速公路的中介平台，通过基金的积极运转扩大管理资产规模。第三步，在适当的时机，培育一个

境内投融资平台，通过境内融资、境内投资，充分发挥作为交通运输部市场化融资窗口的功能，逐步发展成为国家高速公路的核心融资平台。

(2)把华建中心打造成为市场化公路研发中心

高速公路产业是政策性很强的产业，行业政策和行业标准决定了公路企业的发展空间。对行业政策的预判能力和运用能力不仅是把握投资机遇，获得竞争优势的关键因素，也是规避投资风险、保障投资安全的重要举措，因此高速公路产业政策的研究是高速公路投资企业市场竞争力的重要体现。

与国外发达国家相比，我国在交通基础设施领域的特许经营制度尚未建立，与公路投资运营相关的政策规范还不健全，相关措施还不完善，客观上要求专业机构对我国高速公路产业市场化等问题进行研究。而这种研究不仅要体现社会公众的利益，体现管理部门的需要，更要体现投资者的利益。但现有的研究机构多数是为政府管理部门服务，在公路市场化研究方面都有所欠缺，还缺乏市场化的高速公路政策咨询机构。其次，与国外相比，我国高速公路运营管理水平还比较低，而这些高速公路运营管理公司自己又没有能力进行研究，华建中心作为多数高速公路上市公司的股东，高速公路行业学会的挂靠单位，有能力、也有责任研究高速公路市场化、运营管理中的共性问题，为公路运营企业解决实际问题提供服务。最后，华建中心已经参与交通运输部重大课题《"十二五"公路水路投融资政策》等政策研究项目，并为个别公路公司提供项目评估咨询业务，为下一步更好更深入地开展研究工作，发展成为交通部公路市场化政策咨询中心奠定了基础。

如图 6.15 所示，要将华建中心发展成为招商局公路产业决策支持中心、国家高速公路管理政策咨询中心，以及高速公路运营管理技术开发中心的目标，需要通过构建研发团队、申报科研项目、开展行业咨询服务、参与运营管理技术开发等措施来实现。第一步，充分利用招商局公路板块的资源优势，以及与交通部等政府部门的良好关系，参与行业政策研究，为行业标准制定、管理政策制定提供咨询服务。第二步，开展专业化高速公路投资咨询服务，为机构投资者、银行及公路运营企业提供独立的咨询服务。第三步，联合其他机构，研究开发高速公路运营管理中的新技术、新产品，成为我国高速公路现代化运营管理的研发中心及示范企业，以期成为公路产业新的利润增长点。

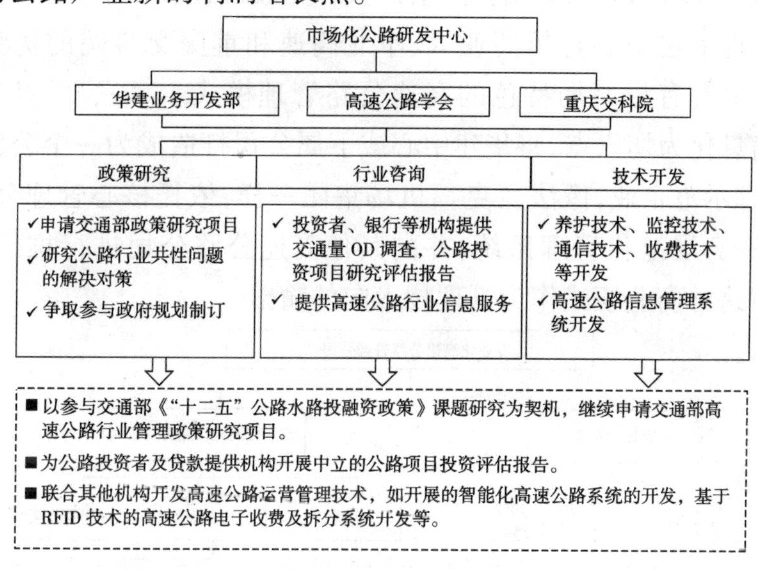

图6.15　打造华建中心公路研发中心的框架结构图

(3)把华建中心打造成专业化的高速公路管理公司

随着交通运输向现代服务业的转型，我国公路也由偏重投资建设向管养和服务并重转变，公路的管养、社会服务成为公路行业发展的重要方向。即使高速公路经营到期后，仍需要专业化的高速公路管理公司，对高速公路进行维护及管理，并提供优质的通行服务，因此，高速公路的管养会成为高速公路企业可持续发展的主要方向。

如图6.16所示，要成为高速公路运营管理技术的领先者和输出者，国家行业标准制定的重要参与者。需要在继续保持政府托管业务外，通过控制性公路项目的管理运营，探讨包括公路养护、通行者增值服务、电子收费管理在内的多种创新业务，将华建中心转型成为专业化的公路运营管理企业：第一步，华建中心参股的公路上市公司大多是公路运营管理中业绩良好、治理规范的公司，在长期的运营管理中积累了许多经验，并形成了各具特色的经营模式，通过对参股公司进行专项调研，构建公路运营管理标准化流程。第二步，招商局集团公路资产整合完成后，实现统一的管控平台，实现华建中心与招商亚太、华北高速和重庆交科院的优势互补，形成具有招商局特色的高速公路管理模式。第三步，以智能化、信息化为切入点，将华建中心或下属公司打造成为一个公路运营管理示范企业，像法兰克福机场集团一样，依托核心管理公司，形成一套规范化管理系统，并向其他高速公路公司进行推广、复制，将这种商业模式作为管理技术向外输出。

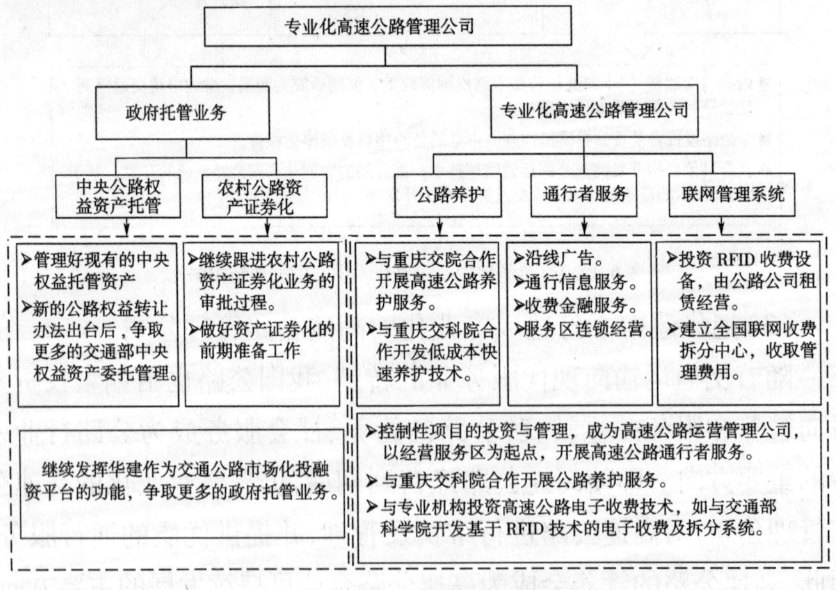

图6.16　打造招商局公路管理公司框架结构图

第七章 结 论

本文通过对我国高速公路企业经营环境及可持续发展困境的分析，以企业可持续发展理论和高速公路市场化理论为基础，在结合国外高速公路发展经验及我国高速公路发展政策的基础上，从发展战略、发展路径等方面研究了我国高速公路企业可持续发展模式。经过研究分析，主要有以下所得：

1. 关于高速公路产业发展理论

(1) 高速公路具有消费的部分竞争性和完全的排他性，属于典型的准公共产品，这类产品可以由政府通过强制的方式，通过税收的模式提供，也可以由非公共机构，按照市场化的方式提供。采取公私合营的模式是高速公路比较理想的提供方式，这种方式既可以保持公路产品的公益性，又能实现非公共部门的投资收益性。

(2) 从福利经济性、现代经济性和市场经济理论来看，高速公路市场化运作模式优于政府提供的模式。市场化为高速公路产业的快速发展提供动力，可以兼顾效率与公平，满足消费者均衡。

(3) 高速公路市场化分为三个阶段。引进市场机制的阶段，即服务外包阶段，将设计、建设、养护等业务对外承包，引进非公共部门进入高速公路。第二个阶段是半市场化阶段，即特许经营阶段。在这个阶段，公路资产属于国家，但由非公共部门投资、建设、运营，或者由政府建设、企业租赁，通过收取通行费的模式，向国家缴纳租赁费，并获得投资收益。第三个阶段是完全市场化阶段，即私有化阶段,高速公路作为完全市场化竞争的商品,在国家管理政策的约束下,由企业进行设计、投资、建设和运营管理,此时,消费者支付的是通行服务价格。

(4)高速公路企业可持续发展理论主要是针对高速公路有限经营期而言的一种战略管理理论,它既遵循一般企业战略管理理论,又必须遵循高速公路产品的特殊性,主要从高速公路企业战略定位、业务范围、发展路径及商业模式等角度研究高速公路企业在经营期及经营期后的持续经营问题。

(5)高速公路商业模式是高速公路产业链不同业务环节的组合方式。高速公路市场化重点在于投资、运营管理的市场化,而TOT、BOT及其衍生模式是高速公路产业市场化的主要商业模式。

2. 关于国外高速公路产业发展模式

(1)多数发达国家在高速公路建设初期采取政府主导的模式,税收是高速公路建设的主要资金来源,一般建立燃油税专项基金制度,因此,高速公路多数是免费公路。但近年来,随着财政资金的短缺及提高高速公路管理效率,多数国家新建高速公路都采取收费的模式进行市场化,高速公路出现民营化、私有化发展趋势。

(2)国外发达国家高速公路在第二次世界大战后进入快速发展期,大约经过30年的建设,高速公路网基本成型,并以6车道以上的高速公路为主。虽然高速公路在各国公路网总规模中所占比例较低,但承担了绝大多数的公路运输任务,高速公路已经成为世界各国主要的运输基础设施。

(3)虽然多数国家在高速公路建设初期采取财政体制,高速公路通车后采取国有国营的运营管理模式。但随着建设规模的扩大,为了筹集资金,高速公路逐渐开始采取项目融资的模式,吸引社会资本。这一时期,建立了许多公私合营的企业运营管理高速公路。随着经济危机的来临，高速公路企业经营出现困难，政府采取国有化的模式支持高速公路企业渡过难关。当高速公路产业进入平稳发展时期，出于筹集新建公路资金、弥补公路养护资金不足及提高公路服务效率的原因，许多国家又通过市场化的模式引进社会资本，甚至有些国家进行私有化运营，国家完全退出高速公路市场。

(4)高速公路市场化、民营化不仅是解决公路建设资金短缺的手段，也是提高高速公路运营管理效率的主要手段。大量案例显示，高速公路民营化后可以大幅度节约运营成本，提高高速公路建设和运营管理效率。

(5)国外高速公路收费标准一般采取全国统一的政策，但经营期限可以根据高速公路投资及收益情况有所差异，最长的经营期限到125年，平均收费期限约为45年左右。

(6)发达国家普遍建立了高速公路特许经营制度，有一套完善的高速公路经营管理制度。市场化的高速公路，政府一般对其有最低收益的保证，但高速公路也不允许暴利，超额收益部分要交给社会。

(7)国外高速公路运营管理采取规模化运营，因此高速公路企业规模较大，管理路程较多，一般都在1000公里以上。这些企业除了投资高速公路外，多数都投资停车场、机场、物流场站等交通基础设施。

(8)国外高速公路企业普遍通过财务杠杆效益放大投资收益，资产负债率多数都在70%以上，净资产投资收益率较高，一般都超过15%。

(9)国外高速公路企业大多走向资本市场，通过基金上市或者公路资产直接上市的模式。但受金融危机的影响，国外高速公路企业的经营业绩和市值普遍有大幅的下降。

(10)国外高速公路企业的发展模式一般都是通过兼并收购公路公司股权,并以争取公路项目的控股权为目标。难以获得控股权的项目,采用参股投资且不具体经营的模式,但要求在公司重大经营决策中有较大的投票表决权。

3. 关于我国高速公路产业政策

(1)“贷款修路,收费还贷”的高速公路发展政策有效缓解了我国公路建设资金短缺的问题,极大地促进了我国高速公路产业的发展,为我国高速公路产业发展做出了巨大的贡献。

(2)我国高速公路建设采取地方为主的发展政策。国家财政资金在高速公路建设资金中比重较低,多元化投融资政策形成了一大批高速公路投资运营主体,高速公路企业促进了我国高速公路产业的建设速度和通行服务效率。

(3)随着公路法、收费公路管理条例、收费公路权益转让办法等管理政策出台,我国高速公路产业发展政策逐步完善,高速公路市场化环境逐步成型,高速公路特许经营政策也将会成为我国高速公路产业发展的主要政策。

(4)我国高速公路产业市场也曾出现过收费公路规模过大、收费标准过高、企业过度逐利、行业腐败等负面现象,出现这些问题有政策本身的问题,但更多的是政策执行的问题。

(5)我国高速公路产业发展中依然有一些政策需要调整,如,新建高速公路融资问题,高速公路债务化解问题,经营权结束后高速公路管养问题,高速公路改扩建问题,高速公路收费标准等问题,这些政策问题制约着高速公路产业的协调、有序发展。

(6)2008 年我国进行了交通管理体制调整,建立了大交通管理体制,交通运输部也提出建立高速公路为主的低收费、高效率的收费公路网和以普通公路为主体的免费公路网两套体系,从战略指导思想上明确了高速公路市场化发展的思路。

(7)随着收费公路权益转让办法、绿色通道政策、费改税政策、小排量汽车购置税减免政策等一系列政策的相继出台,收费公路管理条例已经不适合新的形势,高速公路产业政策需要进一步调整。交通运输部计划通过降低收费标准、延长收费年限的方式来达到缓解车辆通行社会负担,提高高速公路社会投资吸引力的双重目的,我国公路管理模式逐步与世界接轨。

4. 关于高速公路经营企业发展前景

(1)我国高速公路企业主体多,但管理公路里程少,资产规模小。单纯经营收费公路,业务范围单一,经营模式单一,因此可持续发展能力弱。多数高速公路资产都处于经营中后期,企业面临转型等可持续发展问题。

(2)我国高速公路企业的公路资产普遍进入成熟期,高速公路车流量增长逐渐趋于平稳,而且受高速公路路网规模扩大、路网分流的影响,加上金融危机导致需求下滑,部分高速公路车流量开始下降,高速公路企业经营业绩出现同比下滑的趋势。随着路网的逐步成型,可选择路径的增加,高速公路企业的车流量难以再现爆发式增长,高速公路企业内涵式增长受到制约。

(3)随着高速公路建设成本的大幅攀升,新建高速公路收益的降低,高速公路企业通过 BOT、TOT 模式获取优质公路资源的难度越来越大。随着保险资金投资限制政策的逐步放开,保险资金投资具有资金规模大、投资期限长、投资回报要求低等特征,会对现有高速公路企业形成很大的冲击。

(4)我国高速公路产业处于建设高峰期,未来高速公路建设任务还很重,不论存量高速公路资产还是增量高速公路资产,规模巨大,我国高速公路产业有巨大的投资空间,高速公路企业还有很大的发展机会。

(5)我国高速公路资产大多属于地方高速公路投资集团公司，这些企业是地方交通基础设施的建设、管理主体，既是高速公路项目的转让方，也是高速公路的投资方，但受政府行政行为影响，市场化程度低，是否将其优质高速公路项目推向市场，主要取决于其能否从其他渠道募集到足够的资金，融资压力的大小是其将优质项目推向市场的主要依据。

(6)为了应对金融危机的影响，国家提出加快基础设施建设的刺激经济政策，高速公路建设速度的加快，导致地方投资主体融资困难。地方急于融资，会将部分优质高速公路推向市场，为高速公路企业发展带来结构性投资机遇。

(7)高速公路投资额大，仅靠自有资金滚动发展是难以发展壮大的，走向资本市场是高速公路产业进一步发展的必由之路。基金的模式与路产上市的模式都是可以采取的路径。

5. 关于招商局公路业发展战略

(1)近年来，受益于我国交通运输产业的快速发展，即使没有新的投入，招商局公路资产仍然保持了快速增长，不论总资产、净利润、投资分红都有明显的提升。公路产业稳定的投资收益，对招商局集团的财务稳定做出了巨大贡献，成为招商局集团的现金牛和稳定器，为招商局集团其他产业的发展提供了强有力的支持。

(2)招商局公路产业在国内具有明显的竞争优势，既有政府代理职能，又有自主经营的市场化拓展职能，不仅资产规模较大，投资收益也较高，和国内其他高速公路投资主体相比，具有一定的竞争优势。

(3)由于股权比例低及投资属地化的限制，招商局公路资产面临股权摊薄、股权虚化的风险，同时面临着亚太业绩下滑、华北高速发展后劲不足等问题，招商局集团公路产业依靠自身滚动发展的模式受到限制。

（4）与金融、地产等产业相比，高速公路产业投资规模巨大，投资收益率相对较低，招商局近年来并没有对高速公路产业进行投资，错过了我国高速公路产业快速发展的最佳时机。

（5）公路产业短期内还能发挥招商局集团财务稳定器及现金牛的作用，但如果不进行新的业务拓展，不进行外延式增长，招商局集团公路产业将会错过新的机会而逐步萎缩，甚至被市场所淘汰。

（6）招商局公路产业的战略定位是成为国内领先的公路基础设施投资运营商，最终打造成为市场开拓能力强，政府代理业务广泛的高速公路管理公司。

（7）实现国内领先的公路基础设施投资运营商的战略目标，需要将招商局公路打造成为高效的公路融资平台、市场化的高速公路研发中心和专业化的高速公路管理公司，最终实现管理技术和管理团队的输出，成为国内领先的高速公路管理公司。

（8）利用资本市场融资是招商局公路产业进一步发展的必然选择，选择基金的模式或者公司直接上市各有利弊。

（9）高速公路企业市场竞争的优势在企业定位。华建中心作为交通运输部公路市场化平台，在公路行业中有重要的影响，华建中心的品牌在公路资源获取方面具有一定的优势。招商局集团公路品牌化建设过程中，可以采取双品牌化战略，在投融资及政府代理方面保留华建中心品牌，而在项目运营管理层面推进招商局公路的品牌建设。

参考文献

[1] David Simom. Transport and Development in the Third World[J]. Routledge, 1996:6 –18.

[2] Patrick S., McCarthy. Transport Economics Theory and Practices: A Case Study Approach[J]. Blackwell Publishers,2001:213 –253.

[3] Armstrong Wright A. T. Road User Restraint: Opportunities and Constraints in Developing Countries [J]. Transportation Research,1986,1,20 –28.

[4] Delstein,Rand.,Srkal,M. Congestion Pricing [J]. ITE Journal,1991,2:37 –40.

[5] Evans A. W. Road Congestion Pricing: When Is It A Good Policy? [J]. Journal of Transport Economics and Policy,1992,3:32 –35.

[6] Else P. K. Ardorrnation of the Theory of Optimal Congestion Taxes[J]. Journal of Transport Economics and Policy,1981,3:76 –87.

[7] 谢军占,吕常影.亚当·斯密的公路经济理论[J].长安大学学报(社会科学版),2005,8(3):30 –32.

[8] Kenneth. D. Goldin. Equal access vs selective access: a critique of public goods theory [M].

[9] Schmidtz. D. Contracts and Public Goods [J]. Harvard Journal of Law and Public Policy,1987,10:475 –503.

[10] Sehmidtz D. The limits of Government[M]. West View Press,1991:131 –142.

[11] Demsetz H. The Private Production of Public Goods[J]. Journal of Law and Economics ,1970,13:293 –306.

[12] Demsetz H. The Exchange and Enforcement of Property Rights[J]. Journal of Law and Economies,1964,7:11 –26.

[13] Dennis J. Enrigh. The Public versus Private Toll Road Choice in the Unit-

ed States[R]. NW Financial Group, LLC,June 1, 2007.

[14] Peter F. Swan., Michael H. Belzer. Empirical Evidence of Toll Road Traffic Diversion and Implications for Highway Infrastructure Privatization [R],November 1, 2007.

[15] Luiz E. T. Branda and Eduardo C. G. Saraiva,Valuing Government Guaranteesing Toll Road Projects[R].

[16] 王国锋.中国收费公路规制研究[M].北京:人民交通出版社,2007.

[17] 张东风,马广青,张东红.中国高速公路产业论[M].北京:中国社会科学出版社,2007.

[18] 郗恩崇.公路交通规费经济学[M].北京:人民交通出版社出版,2003.

[19] 亚洲开发银行.基础设施市场化运作中国收费公路[M].北京:中国经济出版社,2003.

[20] 郑捷奋, 刘洪玉.中国收费公路的民营化[J].公路交通科技,2003,4:112-116.

[21] 文冰.收费道路经营模式的比较研究[D].长沙理工大学硕士论文.2004.

[22] 郑延智.我国收费公路吸收民间资本问题研究[D].长安大学硕士论文,2004.

[23] 周望军.改革收费公路"双轨制"的政策建议[J].综合运输.1999,17.

[24] 国家发改委宏观经济研究院项目组.高等级公路收费与融资问题研究[J].经济研究参考,2004,5:21-22.

[25]《收费公路发展战略问题研究》项目组.收费公路发展战略问题研究[J].河北省交通科技项目.2006,5.

[26] 黄静.高速公路公司经营发展战略研究[D].长安大学硕士论文.2004.

[27] 梁峻峰.高速公路公司经营发展战略研究[J].研究与探索,2006.6:83-84.

[28] 郑狄.高速公路公司经营战略措施及应用[J].企业家天地,2007.6:54-55.

[29] 林宙.促进公路上市公司可持续发展[J].发展研究,2006.2.

[30] 顾忠华,林宙.促进公路上市公司可持续发展[J].发展研究,2006,2:50-51.

[31] 郑铁柱. 高速公路上市公司基本分析[J].理论界,2007.7:229-230.

[32] 陈勇,吕晶晶.我国高速公路产业可持续发展战略研究[J].科技创业月刊, 2007,2:97-98.

[33] 罗宁,徐海成.公路上市公司再融资方式及选择[J].交通企业管理,2005,7:42-43.

[34] 关健.公路经营企业发展战略研究[D].长安大学博士学位论文,2006.

[35] 周国光.收费公路发展战略研究[D].长安大学博士论文,2003.

[36] 夏飞.高速公路经济属性及其融资模式探讨[J].湖南商学院学报,2006,6.

[37] 石勇民,李海斌.中国公路市场化[J].长安大学学报(自然科学版),2002,22(4):55-58.

[38] 佘廉,罗帆,朱新艳.高速公路公司品牌战略的实证分析[J].交通企业管理,2004,3.

[39] 刘红,孙淑芳.高速公路公司实施资本经营的战略浅析[J].交通财会,2003,1.

[40] 颜飞,周国光.民营化的日本高速公路公司及其社会责任[J].中外公路,2008,2,(28):231-234.

[41] 刘昌勇.论国公路交通的可持续发展[J].西安公路交通大学学报,2000,20(3):78-81.

[42] Button K J. Road Pricing: An Outsider's View of American Experiences [J]. Transport Reviews,1983,3:31-43.

[43] 刘剑峰.高速公路收费政策和特许经营制的研究[J].黑龙江交通科技,2003,10:83-84.

[44] 张国强.东西部收费公路的经济效应比较研究[J].综合运输,2004,5:44-66.

[45] 曹军念,李晓明.中国公路收费经营与政府行业管理相关问题[J].交通运输工程学报,2001,4:93-96.

[46] 张光远.收费公路市场结构与定价机制研究[J].中国物价,2004,8:3-10.

[47] Fernandesx J. Equilibrium Predictions in Transportation Markets: Tb State of the Art [J]. Transportation Research,1983,2:27-28.

[48] Blandikas A. K., Crowell W. H. Pricing Options for Urban Transportation Models[J]. Transportation Research Record ,1985:43-59.

[49] Button K. J., Pearnmn A. D. Road Pricing—Some of the More Neglected Theoretical and Policy Implications. Transportation Planning and Technology. 1983,1:6-11.

[50] Borins S. F. Electronic Road Pricing: An Idea Whose Time May Never Come[J]. Transportation Research,1988,22:74-99.

[51] 李晓明.道路收费的经济理论及费率确定方法研究[D].西安公路交大硕士论文,2003.

[52] Bofins S. F. The Effect of Non. Optimal Pricing and Investment Policies for Transport facilities[J]. Transportation Research,1982,1:102-116.

[53] 张彪.收费公路存在的问题及规范对策[J].交通财会,2003,8:12-16.

[54] 张冬生.中国收费公路管理问题及改革建议[J].综合运输,2004,7:55-58.

[55] 张宝胜.美国收费公路的发展[J].中外公路,2003,6:92-94.

[56] 王守舟,赵中锋.美国的收费公路[J].国外公路,1995,10:17-21.

[57] Forkenbrock D. J., Forster S. J. Economy Benefits of A Corridor Highway Invest merit[J]. Transportation Research,1990,4:21-32.

[58] Kenneth D. B. Principles of Transportation economics[M]. New York, Wesley, 1997:33-46.

[59] Else P. K. No Entry for Congestion Taxes[J]. Transportation Research, 1986,2:7-23.

[60] 王桥.世界高速公路投融资体制.贵州日报,2008.3.24.

[61] The Path Forward: Funding and Financing Our Surface Transportation Sys-

tem, http://financecommission. dot. gov.

[62] Rick Geddes. Public – Private Partnerships (PPPs) in U. S. Surface Transportation[R], Cornell University,2008.

[63] Fumitoshi M. ,Shuji U. Privatization of the Japan Highway Public Corporation: Policy Assessment. Paper for the 46th Congress for the European Regional Science Association.

[64] 郑铁柱. 高速公路上市公司基本分析[J]. 理论界,2007.7:229 –230.

[65] 周国光. 收费公路发展战略研究. 长安大学博士论文.

[66] 刘喜波,陈建军,胡方俊. 关于建立交通产业投资基金的设想[J]. 交通财会,2002,7:11 –12.

[67] 任强廷,陈大同. 创设交通运输产业投资基金研究[J]. 上海铁道大学学报,2002,2:61 –65.

[68] 姜波厚. 我国产业投资基金运行模式的构想[D]. 天津财经大学硕士论文,2007,5.

[69] 陈宗胜. 中国经济体制市场化进程研究[M]. 上海:上海人民出版社,1999.

[70] http://www. macquarie. com. au/au/mig/index. html.